"十四五"普通高等教育本科部委级规划教材

数字新媒体：设计与传播
丛书主编：望海军

2023年度湖北省高等教育学会教育科研课题，湖北省教育科学规划重点课题"基于战略共识的高校教师教学创新团队共生模式研究"（项目编号：2023ZA029）

U0740089

全链式媒体产品设计与管理

郑湛　黄鑫　冯易◎编著

中国纺织出版社有限公司

内 容 提 要

本书介绍了新媒体产品设计前期的设计战略、战术与设计流程、开发方法，新媒体产品项目管理流程、管理工具、用户看板等。阐述了用户、市场、产品的概念、分类及关系，以及如何使用SWOT竞品分析方法、五力分析模型等方式分析市场。同时，介绍了新媒体产品设计需求模型、用户满意度测量和调研方法等，帮助确定新媒体产品的信息架构、设计思维、原型设计工具，以完成完整的新媒体产品设计。

本书适合本科、职业院校传媒与设计相关专业的学生，设计体验与流程的研究者，传媒与媒体产品设计的从业人员和管理者阅读。

图书在版编目（CIP）数据

全链式媒体产品设计与管理／郑湛，黄鑫，冯易编著. --北京 ：中国纺织出版社有限公司， 2024. 10.（"十四五"普通高等教育本科部委级规划教材）（数字新媒体：设计与传播／望海军主编）. -- ISBN 978-7 -5180-0074-6

Ⅰ. G114

中国国家版本馆 CIP 数据核字第 20246Y0982 号

责任编辑：华长印　朱昭霖　　责任校对：王花妮
责任印制：王艳丽

中国纺织出版社有限公司出版发行
地址：北京市朝阳区百子湾东里A407号楼　邮政编码：100124
销售电话：010—67004422　传真：010—87155801
http://www.c-textilep.com
中国纺织出版社天猫旗舰店
官方微博 http://weibo.com/2119887771
天津千鹤文化传播有限公司印刷　各地新华书店经销
2024年10月第1版第1次印刷
开本：787×1092　1/16　印张：10.75
字数：200千字　定价：79.80元

新媒体产品的前世今生

根据国际电信联盟（ITU）的数据，截至2022年3月，全球互联网普及率已达到66.3%。其中，最不发达国家的互联网普及率也已从2011年的4%大幅增长至2022年的36%❶。

截至2023年12月，我国手机网民规模为10.91亿，较2022年12月新增手机网民2562万人，网民中使用手机上网的比例为99.9%。根据工业和信息化部信息统计，截至2023年3月底，我国国内市场上监测到活跃的应用程序（App）数量为261万款（包括安卓和苹果商店）。移动应用开发者数量为82万，其中安卓开发者为24万，苹果开发者为58万。3月，安卓应用商店在架应用累计下载量为542亿次❷（图1）。

图1　手机网民规模及其占整体网民比例

图片来源：CNNIC中国互联网发展状况统计调查（2024年3月）

---

❶ International Telecommunication Union. Facts and Figures：Focus on Least Developed Countries. Telecommunication Development Sector［R］. 2023：1.

❷ CNNIC：第53次中国互联网络发展状况统计报告［EB/OL］. 中国互联网信息中心，2024-03-22.

在互联网经济时代，经济主体的生产、交换、分配、消费等经济活动，以及金融机构和政府职能部门等主体的经济行为，都越来越多地依赖于信息网络，不仅许多交易行为直接在信息网络上进行，而且需要从网络上获取大量经济信息，依靠网络进行预测和决策。从经济形态上看，互联网经济是信息经济或知识经济的主要形式，又称数字经济，这也应运而生了大量依附于电脑、手机等新型媒介的互联网产品。

基于人的生理和心理体验及生活感受，人们产生了各式各样的需求，因此，产品需要遵循满足人们需求的原则。在"互联网+"趋势下，吃穿住行均已实现网络化，新媒体产品覆盖我们生活的方方面面，成为一种综合性平台。

新媒体产品需要满足用户需求，产品的存在源于用户的需求。用户需求不仅对产品的诞生有着决定性的影响，而且会不断推动产品迭代更新，影响产品最终的形态。根据App Annie报告显示，1/3~1/2的用户在智能手机上安装了30个以上的应用，然而用户每天平均只使用9个App。将这两个数据结合起来可以看出，在激烈的产品迭代升级和竞争中，开发者在设计新媒体产品时需更注重用户需求和产品更新迭代，满足用户期望，提供有价值的功能，并持续改进产品质量，这将成为竞争的关键因素。开发者需要深入了解用户习惯，不断优化产品体验，确保用户对其产品的留存和活跃度。同时，定期更新和迭代也是吸引用户关注、保持竞争力的必要手段。

迭代创新适用于三个领域：①客户需求不明确、问题不易清晰表示的领域。利用迭代创新的方法可以快速生成原型，创新团队和客户可基于原型进行深入探讨，从而逐渐明确客户需求。②技术更新快、客户需求变化快的领域。这些领域往往具有市场竞争激烈、新产品层出不穷、对企业创新速度要求更高等特点，通过迭代创新，可在最短时间内完成创新，并将产品投向市场，快速完成产品的更新换代。③创新项目规模有限。因为迭代创新的参与者需要对创新领域进行整体把握，但受限于参与者的知识、时间和精力，在大型创新项目中直接使用迭代创新方法往往不会获得较高的成功率。一种可行的方式是在大型创新活动中，先进行整体规划，将整体创新项目细分成多个创新领域，之后在每个细分领域中采用迭代创新方法。这也使得用户体验研究必须细化。

综上所述，随着用户体验的不断升级和互联网产品的不断发展，UI设计师产品经理化的发展趋势正在逐渐加强。这种趋势的出现主要有以下原因。①产品经理对用户体验的要求越来越高，需要UI设计师具备产品经理的思维和方法，以便更好地理解用户需求和期望，并将其转化为实际的UI设计。UI设计师需要更好地理解整个产品的架构和业务逻辑，以便更好地设计界面和交互流程，提高产品的用户体验。②随着互联网产品的不断发展和升级，UI设计师需要具备更广泛的技能和知识，包括产品策划、市场调研、数据分析等方面的能力。团队的发展规模日益扩大，UI设计师需要更好地与团队其他成员协作，包括产品经理、工程师、测试人员等，以提高产品的质量和用户体验。

　　本书以项目为导向，以团队合作为主要目标，要求学生制订相应的项目计划，站在产品经理的角度，全面构建产品设计模型。强调设计管理的规范性准备、设计调研与数据分析，并介绍通过文档使团队合作更有效率地进行。推动创新设计过程中每一阶段的相互支持和跨部门协作，以培养"设计+"为目标。随着社会的发展，设计师必然要成为让产品与用户深度共鸣的全能型设计师，重点打造集市场分析能力、用户需求适应能力和团队协作能力于一体的设计团队。

郑湛

2024年3月

目录

第一章

新媒体产品的前期分析

　　设计产品往往需要经过多次迭代，并非线性的、按部就班的开发过程，只有将市场调研、用户需求调研贯穿于整个产品设计过程，使设计视角经过从宏观到中观至微观的转变，且随着阶段性发展面临的设计问题不断聚焦、深化和再次聚焦深化，才能创造出真正具有市场竞争力的产品。

　　本书将在第三章中详细阐述市场调研，在第五章详细阐述产品需求。本章着重阐述宏观视角下的产品决策分析，以及从项目管理角度进行相关任务分解与执行。

了解产品设计前期的基本概念及其复杂性和模糊性。理解产品定位、用户需求、创新点等概念，并且能从前期模糊的信息中提炼产品的设计策略。

了解前期的任务流程以及前期准备工作有哪些阶段和任务。理解如何将商业化转化为设计策略，并且要懂一些产品开发的概念，进行产品生产决策和任务分解。理解设计前期认知问题、信息收集、分析信息的基本程序和行为。

了解战略设计中战略、战术与设计流程的关系，理解如何基于战略、战术决策看待设计问题，制定设计问题框架等。

了解新产品开发的方法。理解产品的概念，什么样的产品能解决用户问题并成为用户必需产品，以及如何验证产品概念。

能力目标

培养学生系统思维的能力。在理解信息框架的基础上能够结构化地收集数据。

培养学生理性、科学地分析问题的能力。能够从信息框架中找到正确的设计问题。

具有抓住设计主要矛盾，分析并设计最小可行性产品和冲刺产品的能力。

思政目标

培养学生求解精神。在前期整理信息框架时，能追寻正确答案。

能够有人文关怀思想。设计既是一种社会实践，又是一种精神活动，在相关战略设计案例中，列举了如何站在弱势群体角度思考问题。

培养学生的社会责任感。从对社会问题的热点捕捉，到前期产品设计中提出前沿的战略思想，通过对具体案例的分析，明确设计学是一门研究人的社会科学。

本章重点

能够从前期市场调研中分析出具有趋势性的信息，并判断产品的未来站位。

在寻找产品前期设计问题时，能够战略性地提出战术的解决方案。

撰写设计概要。

本章难点

理解战略设计中战略、战术与设计流程的关系，如何基于战略战术决策看待设计问题，制定设计问题框架等。在理解信息框架的基础上，能正确地找到主要问题和次要问题。

第一节 新媒体产品设计前期概况

一、设计前期——在复杂与模糊中组织设计

随着经济全球化，市场逐渐趋于成熟和完善，设计产业的发展也日益蓬勃，因此，产品的开发流程需要一个严谨、良好的前期计划予以指导。产品是否符合消费者的需求，是产品成功与否的关键，也是企业发展的决定性因素，消费者的设计审美需求正在不断提高，因此，一成不变的产品已不能长期占据市场，唯有掌握市场前沿的设计思维，才能满足消费者的需求。

新产品开发项目决策很重要，但又不容易，需要判断新产品的接受度、留存时间、对未来变化的适应性和所面对的风险。为使决策尽可能成功率高、风险小，需要引入设计前期概念，即相关产品开发前期需做的一些工作。

开发是在规定的时间内，探索未知领域，即产品目前并未出现，我们也不知道最终产品如何。在这项探索工作中，逐步确定需要完成的相关概念、中心问题，以及不断刻画其中的细节，层层推进，有时还会需要从最终展现出来的产品特征中寻找中心问题[1]（图1-1）。

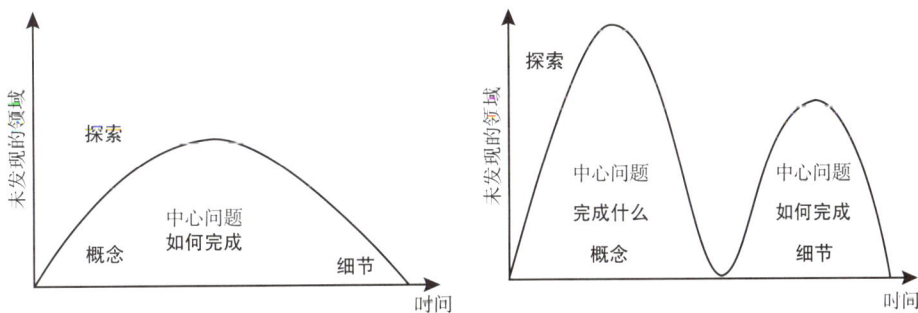

图1-1 产品开发问题探索图（图片来源：Owen, Charles. Structured Planning in Design: Information Age Tools for Product Development. Design Issues, 2001.）

（一）设计前期基本概念

设计前期指一个产品开发的决策过程。为了应对不断变化的市场，每个产品均有一定的使用周期，设计前期是有效组织资源，准备投入新产品，本身既包含技术上的未知事项，也包含市场及社会环境的未来变化[2]。

---

[1] 刘征. 产品设计前期管理［M］. 北京：中国建筑工业出版社，2019：31.
[2] 王一添，李亚平. 新产品开发的前期调研和基本方法［J］. 江苏科技信息，1994（5）：7-8.

产品设计前期需要掌握一些基本概念，包括产品定位、需求、目标用户、竞品分析、创新点、用户场景和设计原则。这些概念对于产品设计和开发非常重要。把未知因素产生的风险尽量降低到最小限度，就必须在决策前进行全面、充分、科学的调查研究。

由于在设计前期工作中存在多种不确定因素，因此在具体工作中，既要从大处着眼，即从宏观的角度预测和判断项目的必要性和可行性，又要从小处着手，即从微观的角度对项目的细节问题，包括规模、周期乃至设计中可能出现的主要问题等进行细致的分析和预测。每个概念对应不同的意义，同时起到相应的作用，了解这些概念的相应作用有助于使项目设计达到预期目标（表1-1）。

表1-1　设计前期基本概念与作用表

概念	意义	作用
产品定位	产品在市场中占据的位置，以及产品存在的目的和定位	确定产品的目标和方向，为后续的产品设计和开发提供参考
需求	用户在使用产品时期望获得的价值和体验，包括功能需求、体验需求和情感需求等	设计出满足用户需求的产品
目标用户	产品的主要用户群体，包括用户的特点、行为习惯、偏好和心理需求等	针对目标用户进行产品设计和开发
竞品分析	对市场上同类型产品进行分析和比较，为产品设计提供参考和借鉴	了解市场需求和趋势，以及竞争对手的优劣势，以设计超越竞争对手的优质产品
创新点	产品的特色和创新之处，包括技术创新、设计创新和商业模式创新等	设计出具有创新性的产品，为产品在市场中的竞争提供优势
用户场景	用户使用产品时所处的情境和环境，以及用户在这些情境和环境下的行为和需求	设计出符合用户需求的产品，提高产品的用户体验和用户满意度
设计原则	产品设计的基本原则和规范，包括用户体验设计、可用性设计、交互设计和视觉设计等	设计出符合用户需求和市场需求的产品

综上所述，这些基本概念是相互关联的，为设计团队提供了指导和参考，有助于设计出符合市场需求、用户期望和具有创新性的产品，为后续的设计和开发工作打下坚实的基础。

（二）设计前期的复杂性与模糊性

1.复杂性与模糊性的原因

设计前期的复杂性和模糊性是指在设计开始前，需要面对大量未知、不确定、矛盾和多变的因素和问题，这些因素和问题往往具有复杂性和模糊性。

首先，设计前期面临的问题通常是复杂的，涉及产品的市场定位、用户需求、竞品分析、创新点、用户场景等多个方面。这些问题往往相互关联、相互影响，需要综合考虑和分析。此外，这些问题涉及的信息和数据往往不完整、不准确或不可靠，增加了问题的复杂度。

其次，设计前期面临的问题往往是模糊的。在设计前期，往往缺乏足够的信息和数据，许多问题的答案不是显而易见的。

再次，由于设计前期的问题涉及用户需求、用户场景等方面，这些问题的答案也受到用户主观因素的影响，更加模糊和不确定。

最后，这些因素之间会相互影响，它们带来的复杂性和模糊性虽然有令项目失败的隐患，但是给产品带来了创新的空间。面对设计前期的复杂性和模糊性，设计师和专业人士需要具备灵活性和创造性，同时加强对行业的研究和了解，以便更好地判断未来的社会变化和用户预期，最终制订出复杂环境中较好的方案。

2.解决前期复杂性与模糊性的策略

设计师需要采用一些策略来应对设计前期的复杂性和模糊性，如广泛收集信息和数据、采用多种分析方法、利用用户反馈和测试等。

同时，设计师需要具备一定的专业知识和经验，以更好地应对这些复杂和模糊的问题。在初期的产品调研还不够精确的时候，快速原型是一种有效应对模糊性的方式，通过快速构建出一个初步的设计方案，可以进行初步的用户测试和验证，快速发现问题并做出相应的调整，缩短设计周期。现代设计工具也提供了很多帮助，如交互设计工具、用户界面设计工具等，可以提供多样化的设计模板和素材等。快速原型也被称为最小产品，将在本章第四节予以详细解说。

二、新媒体产品设计前期的准备

有秩序的前期准备可以在很大程度上节约时间和成本，提高后期工作质量。对于产品设计而言，将模糊不确定的概念、信息具体化，有助于设计达到最终目标；对于产品团队而言，能够确定产品的目标，即产品需要解决的问题，以及产品需要具备的特性和功能，有助于将研发的重点放在最有价值的部分。

（一）设计前期的活动与任务

1.设计前期的活动

设计是一种复合性活动，设计前期存在多种类型活动。由于在设计前期面临的问题都是模糊的、不确定的，所以需要将前期工作进行有条理的规划，使设计活动具体化。首先，新产品开发分为两个层面，一个是将商业需求转化为设计策略，另一个是将设计策略转化为具体设计概念。设计概念贯穿于整个设计前期工作中，并随着前期准备工作不断完善。

其次，组织设计的管理工作，必须制定清晰的时间节点，分为两个部分，一部分是从事市场调研的人员将商业需求转化为设计策略时，需要先对产品开发需求做一些解释；另一部分是设计人员在此基础上，进行详细的参数设计。这种时间的顺序说明设计前期准备是具有阶段性的，它们在流程上紧密相连。

再次，新产品开发对各方面人员都有要求，从事市场调研的人员需要懂产品，这样才能明确产生项目的动机，并从中完成初始开发概念，从宏观上把握产品在市场中的定位；从事产品开发的人员——产品团队和业务团队必须明确需求，这样可以就产品目标和范围达成共识，快速确定开发重点，从而提高效率；设计师必须懂市场分析，才能保证产品在未来的市场中获得较大份额，使团队的收益得到保证；管理人员必须掌握整个流程，才能从根本溯源中发展设计参数、从设计项目规划的理论中发展设计因素，进而围绕产生发展的原因、脉络等完善设计概念，将整体项目规划划分为若干阶段。

最后，有效进行组织工作，将任务分解，变成具体的任务和可操作的具体设计活动，每一层级中都有设计分工和有效的资源组织、明确的工作目的和具体的设计方案。这样做的目的是有效定义设计问题、收集相关信息，以明确设计状态、解决设计问题。整个设计活动经历了由不确定状态向确定目标转化的过程，形成设计前期的概念，有利于综合考量新产品开发活动的影响因素，促进商业策略向设计策略转化。设计前期活动生成路径如图1-2所示。

2.设计前期的任务

在产品设计前期，需要进行一些基本准备，以确保后续的设计工作能够顺利进行，并且符合项目要求（图1-3）。

首先，明确设计目标和范围。设计前期虽然是模糊的，但不能缺少规划，在设计前，需要明确设计的目标和范围，即初步确定设计的产品类型、面向的受众、产品特点等。明确设计目标和范围是制订后续设计方案的重要依据。

其次，进行市场调研。把商业需求转化为设计要求活动要对市场和用户等多种可能具有设计价值的信息进行收集，其中很重要的是市场信息的收集。在设计前，需要对市场进行调研，了解市场上类似产品的特点、用户需求、发展趋势等信息，为后续的设计提供依据和参考。市场调研是确保产品能够满足用户需求的重要步骤。收集的信息应该是趋势性的，能帮助设计师判断产品的未来站位。因此，市场调查研究一般应包括以下内容：市场的显在要求、潜在需求及发展趋势，产品销售的对象——用户对产品功能、用途、质量、价格和维护等方面的要求，产品可能的销售、推广前景，竞争产品的种类、优缺点和市场占有情况，竞

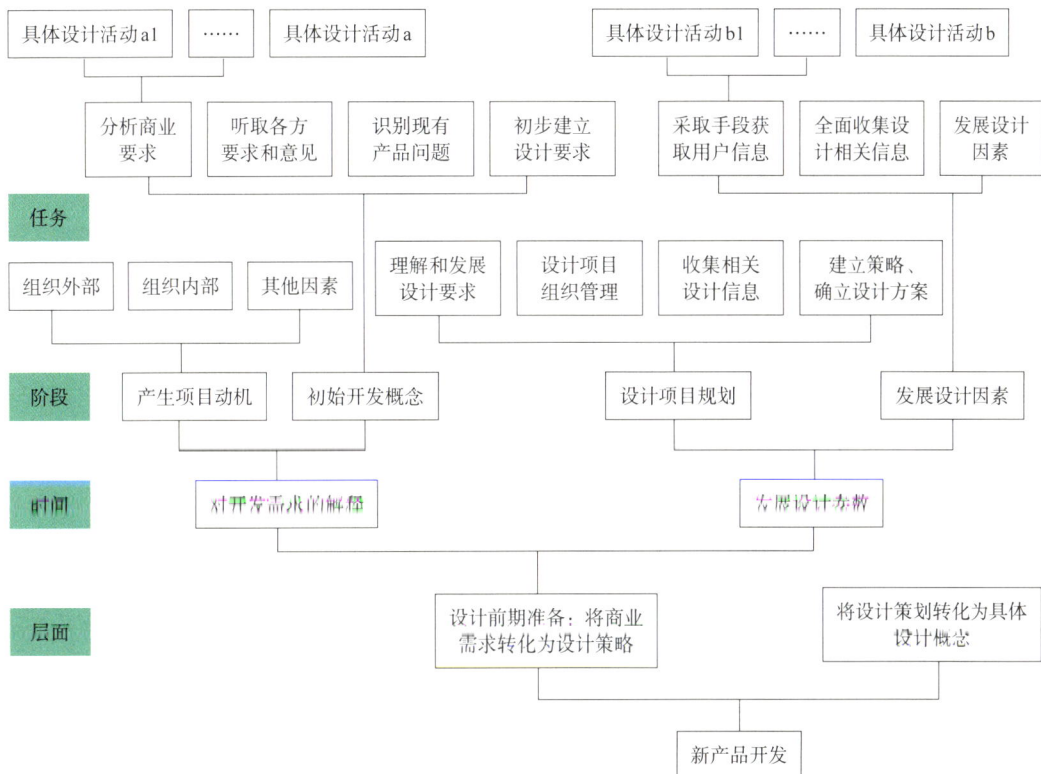

图1-2 设计前期活动描述性框架图 ❶

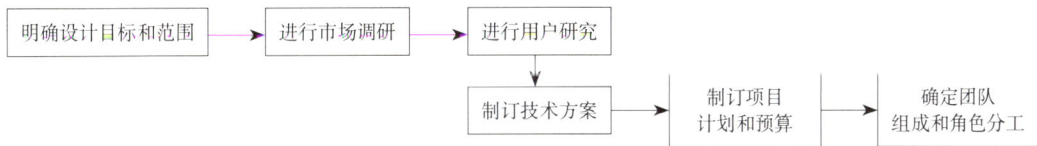

图1-3 前期主要任务图

争企业的生产经营实力及其状况。

再次,进行用户研究。用户是产品设计的核心,因此需要进行用户研究,了解目标用户的需求、习惯、行为等信息,以便在设计过程中能够考虑到用户的需求,提高产品的用户体验。用户研究是设计出优秀产品的关键,贯穿设计的始终,应尽量明确用户的利益点。本书将在第三章讲述用户画像、第五章介绍用户情境地图和用户旅程图,分别从宏观、中观和微观角度研究用户。本章所谈及的用户更多的是与社会发展趋势融合的用户,能够保证设计师开发的产品在未来有更长的使用周期。

❶ 刘征. 产品设计前期管理 [M]. 北京:中国建筑工业出版社,2019:53.

又次，制订技术方案。在设计前期，需要制订技术方案，包括制定设计概要，这是为了使整个团队达成设计共识；确定配合方式及目标，明确开发平台、语言、工具等，以确保后续的设计符合技术要求，并且能够高效地进行开发。制订技术方案是为了保证设计和开发过程顺利进行。

之后，制订项目计划和预算。在设计前期，需要制订项目计划和预算，明确项目的开发周期、开发阶段、成本预算等，以便后续的设计和开发能够按照计划进行，并且符合预算要求。制订项目计划和预算是项目按照计划和预算完成的重要保障。

最后，确定团队组成和角色分工。在设计前期，需要确定团队组成和角色分工，包括人员数量、角色、沟通方式等，以确保设计和开发团队能够高效协作，完成项目的设计和开发。确定团队组成和角色分工是设计和开发团队协作顺畅的基础。

案例

调研南昌市民传统养老模式的数据显示，常见的养老模式有子女赡养、退休金（政府补贴）养老、养老院为主的机构养老、以房养老、互助养老以及其他，如旅游养老、异地养老等❶（图1-4）。

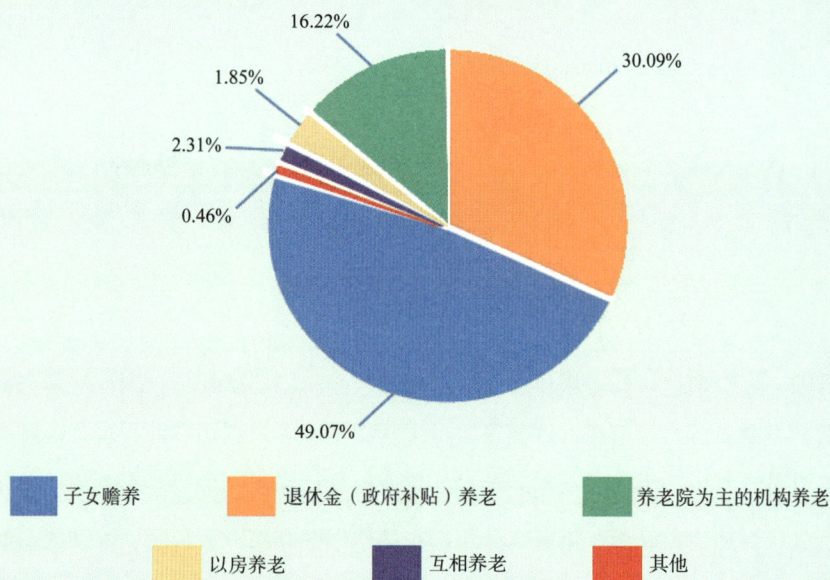

16.22%
30.09%
1.85%
2.31%
0.46%
49.07%

子女赡养　　退休金（政府补贴）养老　　养老院为主的机构养老
以房养老　　互相养老　　其他

图1-4　南昌市民传统养老模式图

❶ 熊伟. 居家智慧养老项目南昌上市前期市场调研报告 [J]. 现代营销（经营版），2019（1）：86-89.

如图1-4所示，选择靠退休金（政府补贴）养老的占49.07%，排在第一。其次是子女赡养，占30.09%，其他养老模式占16.22%。同时对尝试居家智慧养老模式的意愿度进行了调研，调研团队设计了3个提问。根据统计，对于"是否愿意尝试在家或社区养老机构享受养老服务的"，选择"愿意"的占89.35%；对于"是否希望通过互联网技术获取养老服务的"，选择"希望"的占73.15%；对于"是否愿意通过手机软件来定制和享受各项养老及与其相关服务的"，选择"愿意"的占72.22%。

原因何在？

思考

能否从上述材料看出其未来趋势，并从未来趋势中判断其未来站位？请参考上述资料给出一个战略性的建议。

简要答案

1.趋势特点

（1）与传统相结合。由图1-4可知南昌市大部分老年人选择靠退休金（政府补贴）和子女赡养养老。以房养老、互助养老、机构养老所占比例较小。这一现象说明，受中国传统观念的影响，南昌市与中国大部分城市的养老模式基本相似。

（2）多元化。值得注意的是，有一定比例的受访对象选择了"其他"，这说明人们的生活方式、养老观念也趋于多元化。

（3）区域便捷化。有89.35%的老年人愿意尝试在家或社区养老机构享受养老服务，这说明老年人愿意享受便利服务的同时，也有着社交需求。

（4）情感智能化。值得注意的是，对于互联网和手机App的支持率没有选择在家或社区享受养老服务的支持率高，这说明老年人在互联网应用、手机应用方面不具有优势，对于高科技产品接受度不高。

2.未来站位

（1）给老年人更多发言权和参与度。未来的设计中可从老年人的角度出发，倾听他们的建议和意见，从而打造更加符合其需求的适老化产品。

（2）多学科融合。养老观念多元化的出现说明未来的目标用户有着多样化的需求，用户是可以接受个性化定制的。那么设计需要不同领域专业人员的跨界合作与交流，以便实现更完善的设计。

（3）贯穿于城市规划和公共设施的建设中。例如，在城市规划中融入"老年人友好型社区"的概念，以及在公共场所、交通系统等地方考虑老年人的特殊需求，为老年人提供更加友好、便捷的服务和环境。

（4）注重老年人情感需求。在打造智能化养老产品的同时，需要使用情感化的设计减少老年人恐惧的心理，给老年人足够的关爱与关心，做出适合老年人使用的产品。

（二）设计前期的信息收集

设计前期的信息收集框架研究是指在产品或项目设计前，对相关信息进行系统化整理、分类和分析的过程。这个过程旨在确保设计师了解产品或项目的相关信息，包括目标用户、市场需求、竞争情况、技术要求和可行性等，以便为设计提供有力支持。

1.信息类型与收集范围

一般设计任务模型需要明确设计任务的目标和要求。这可以包括设计一个产品、开发一个界面、制作一个标志等。产品企划目的在于收集所提案产品的背景数据、界定产品开发目标及评估其商业可行性，其主要内容包括发掘一个商品机会、进行宏观市场研究、分析市场竞争趋势、提出一个新产品设计方案。企划对于产品设计的发展成败尤为重要。

为清楚地了解需要完成的任务，在设计初期，对设计任务的背景和相关要素要进行研究和分析，了解目标受众、竞争对手、行业趋势等信息。收集和整理相关素材和参考资料，以便在设计过程中进行参考和灵感的获取。罗曾堡和埃克斯（Rozenburg & Eckels）指出设计师由信息情报形成概念，提出产品构想展开程序，进而将构想落实为具体的产品。所以产品设计概念并不是凭空冒出来的，它需要不同信息的支持，充足和完善的信息可以帮助设计师突破原有知识经验的局限进行产品设计（表1-2）。

表1-2　学者对信息不同的定义

年代	学者	定义
1972	威利斯（Wellis）	能减少信息使用者不确定性的事实或者数据
1977	德文（Dervin）	一种可以变化一项结构的能力 任何可以改变接收者认知结构的一种刺激
1981	特迪斯科（Tedisco）	一种实体（图书、期刊等） 一种信息传播的通道
1983	克里莱拉斯（Krilelas）	用来减少不确定性的任何刺激
1989	布瓦扎（Bouazza）	一种日用品，经由一个系统处理以后可以变得有用，而且可以转换可以交流或者接受一个事实或情况，目的是满足使用者的需求，减少使用者的不确定

2.信息收集框架

在设计前期，信息框架研究可以帮助设计师对产品或项目相关信息进行全面的了解和分析，以便于后续的设计工作顺利进行。信息框架研究包括信息收集、整理分类、分析研究和应用输出四个方面。其中，信息收集是基础，可以通过市场调研、用户研究、竞品分析、技术评估等维度进行整理。整理分类是为了方便后续的分析和应用，需要根据不同的类别和维度对收集到的信息进行分类整理。分析研究是核心，需要对收集到的信息进行深入的分析和研究，找出其中的规律和关联性。应用输出是将研究结论和推论输出为具体的设计需求和要求，为后续的设计提供有力支持和指导（图1-5）。

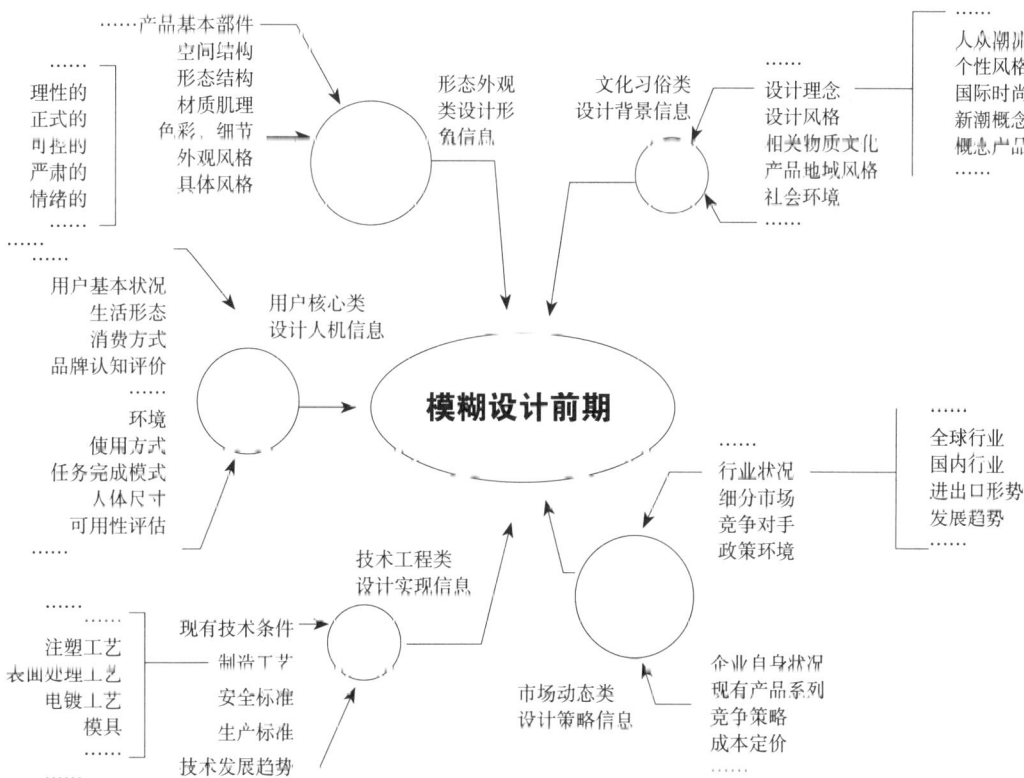

图1-5 信息收集框架图❶

进行产品概念设计前的信息收集可以提供全面、准确的市场信息，为产品设计提供基础数据和指导，设计团队需要综合分析收集到的数据和信息，进一步明确产品的目标市场、用户需求、产品特性、功能等方面的设计思路和方案，此时产品概念才会逐渐生成。

---

❶ 刘征. 产品设计前期管理［M］. 北京：中国建筑工业出版社，2019：30.

第二节　新媒体产品设计前期任务模型

一、新媒体产品设计前期任务模型的流变

虽然每个前期任务模型的活动阶段划分不一样，但是每个模型都有其设计目的，其目标都是帮助优化设计过程，帮助项目经理更好地规划任务、管理风险、协调团队等，从而提高项目的成功率。表1-3是相关研究者对前期任务模型的见解。

表1-3　前期任务模型比较表 ❶

胡布卡（Hubka）	帕尔和贝茨（Pahl&Beits）	克瑞斯（Cross）	琼斯（Jones）	塞巴斯蒂昂－埃塔尔（Sebastion et all）
—	—	—	—	详细说明项目商业需求
				估量参与人的要求
	识别重要的问题	对象分类		对已有方案问题的识别
建立功能结构		建立功能	设计状态探索	发展设计需求
建立技术过程	建立功能结构			设定关键要求
应用技术系统和建立边界		建立要求	问题结构察觉和转化	
建立功能群				决定项目特征
建立功能性结构和代表		决定特征	界限界定，下属方案描述和冲突识别	

二、新媒体产品设计前期产品概念生成

（一）新媒体产品设计概念认知活动阶段

1.产品概念

产品概念是指对一个新产品或服务的主要特点和目标的清晰描述。通过清晰地定义产品概念，团队可以更好地理解产品的核心目标，并将其作为产品设计和开发的指导原则。产品概念从本质上说就是产品卖给消费者的是什么利益点，即满足消费者的是什么需求

---

❶ 刘征. 产品设计前期管理[M]. 北京：中国建筑工业出版社，2019：45.

点。任何产品都有其市场存在的理由，这些理由是消费者对该产品的利益存在一定的需求。❶

2.产品设计概念的认知

设计概念生成阶段认知活动丰富而复杂，被看作"灰箱系统"，产品设计概念的认知是通过"灰箱系统"完成的。在产品设计的输入阶段，将初步分析的问题放入"灰箱"，此阶段还收集了很多关于产品的数据，也被放入"灰箱"，在"灰箱"里将输入的问题通过这些收集到的信息不断地深化分析、设计评估，将之前输入的关于问题的概念、构思予以整合，获得产品概念的认知，这是一个不断循环的过程，最后输出问题的解决方案，即产品概念——对新产品或服务的清晰描述（图1-6）。

图1-6　设计概念生成阶段认知活动示意图

问题是认识的起点，既然是起点，自然带有"暂时性"特征，需要和"过程性"配合，发现问题是一个完整的过程。发现问题作为一个过程，其涵盖的内容有三方面：一是从问题情境形成的前提条件来看，问题的发生有一个酝酿过程；二是从人类认识的实践过程来看，每一个问题的出现都不是偶然的，它具有承前与启后的过程性特征；三是从具体问题的复杂性方面考虑，待解问题有着不完全确定的模糊性，或者说有灵活性❷（表1-4）。

表1-4　设计前期基本程序和行为

顺序	程序	行为	目的
1	认知问题	分析问题	综合发展
2	接受设计任务	收集信息	明确设计目标
3	了解设计需求	分析信息	发现形成概念

---

❶ 杨得前. 小议产品概念的发展［J］. 经营与管理，2003（1）：37.

❷ 赵铖. 基于问题发现的设计方法研究［D］. 南京：南京艺术学院，2022：63.

在产品设计前对收集的信息进行分析，能够更好地了解市场环境，明确客户需求，简化产品设计过程，从而更好地满足市场需求和提升产品的市场竞争力。

（二）新媒体产品设计具体想法阶段

1.产品概念的三大组件

在开始构想产品的时候脑海中可能会有很多设想。这时候可以基于三个组件对脑海中的产品进行初步解读。产品概念的三大组件是指目标用户、解决痛点问题、解决方式。明确产品概念三大组件的意义在于，可以帮助我们更清晰、直白地描述产品概念所要做的事情。

2.产品概念需要解决用户痛点问题

在关于解决用户痛点问题上，需要引用两种说法，一种是维生素产品（不是用户必需的），另一种是止痛药产品（用户必需的）。在产品创意阶段，维生素产品是可有可无的产品，用户有它会更好，但是不使用它也无关紧要；止痛药产品是用户在生活中离不开的产品，相对于维生素产品，止痛药产品的营销是可以量化的，盈利相对较高，解决的是用户的痛点问题。要注意的是，维生素产品可以变成止痛药产品。

3.新产品开发的方法

采用什么样的方法开发新产品，必须根据企业自身的实力、技术发展、市场状况、社会环境等情况进行综合分析后加以确定。下面列举几种新产品开发的常用方法❶。

（1）仿制法

可选择市场上畅销产品或优质产品的样品进行分析研究，之后通过一定的改进性仿制使自己的产品较原产品有某些优点，或者通过一定的技术变革或材料市场的优势，得到更低的价格，或者性能有所改进。这种方法投资少、速度快，由于产品经过了一定的市场检验，说明市场是接受和欢迎这种产品的，可在不侵权的情况下进行开发，适合开发实力弱的企业。

例如，湖北省博物馆考虑到文创产品的独特性和文化内涵，注重选用符合博物馆形象和产品主题的高质量材料，提高产品的档次和文化品位。同时，通过引入更加精湛的工艺，如手工艺术、雕刻工艺等，大大提升了产品的艺术价值。为了解决接合处设计不合理、连接部位过于薄弱等问题，博物馆还加强了对产品制作工艺的监督❷。通过这种方式，即使样品并不完全是在市场上耳目一新的新产品，依然能获得良好的市场反馈。

---

❶ 王一添. 新产品开发的方法和步骤［J］. 企业活力，1994（6）：33-35.
❷ 王汕杉. 文创产品设计改进研究——以湖北博物馆文创产品设计为例[J]. 上海包装，2024（2）：172-174.

（2）系列化

企业根据产品技术发展的特点，将已有的产品进行延伸，使产品品种、规格形成系列，在设计上采用这样的方式的居多。产品系列感的形成，在于具有共同的主题，塑造协调、统一的视觉效果，以此来提升品牌的形象。

成功的IP❶可以帮助品牌在其他媒体和产业中扩展，形成更广泛的品牌影响。例如，在电影发布前后，采取多种营销策略，包括海报、预告片、媒体宣传等手段，以提高公众对电影的关注度。此外，可以通过联动相关产品、游戏等周边产业，扩大品牌影响力。

（3）配套法

选择实力雄厚的大企业，针对其主导产品，开发配套产品或配套元器件和材料。例如游戏周边产品，游戏受众群体不断扩大，游戏产值不断增长，游戏周边产品也任情然火热，玩家在消费游戏虚拟产品之外，对游戏周边产品产生了兴趣，硬周边产品包括手办、雕塑、扭蛋等一系列价值比较高、收藏价值大于实用价值的周边商品。

1.寻找产品概念的三种模式

在当今竞争激烈的市场环境中，许多企业在产品概念的选择和开发过程中面临困惑和挑战。好的产品概念可以帮助企业更好地理解市场需求，减少开发失败的风险，并提高产品的创新性和市场竞争力。作为产品的设计者有三种模式寻找产品概念：专家模式，指某行业的资深行家；好奇者模式，指对某个领域特别感兴趣，并愿意为它付出时间；搭便车模式，指可能有特殊的资源能进行两方"牵线"。

第三节　基于管理战略战术的新媒体产品前期设计

了解基本的前期准备后，如何能让产品在市场中有一席之地呢？产品前期的战略战术设计有着至关重要的作用。产品战略是企业为应对市场竞争而制定的长期计划与策略，包括产

---

❶ "IP"一词源于"Intellectual Property"的英文缩写，译为知识产权，指权利主体对其依法在科学、技术、文学、艺术等领域，从事智力活动而创造的精神产品所享有的专有权。但是随着新媒体在文化传播中的作用日益增大，"IP"一词的使用范畴和内涵有所扩大，IP从特指知识产权拓展为以知识产权为核心的产业运营方式或产业发展模式。因此，所谓经典人物的再IP化，是指在当代数字技术支撑下，传统文化中的经典人物与现代IP运营方式相结合，且将经典元素转化创造为符合当前审美趋势、传播趋势和消费需求的内容产品过程。

品开发、配置、市场定位、营销策略、销售方式等方面的一系列策略，以最终实现企业发展目标和利润最大化。产品战术是指针对指定时间和市场环境，实现产品和品牌目标的具体解决方案，包括产品设计、市场调研、推广方案、促销策略等的实施方法。主要包括设计的基本原则以及各个阶段的部署、团队协同方案、市场调研方法等。

制定合适的战略战术可以帮助企业在产品研发和设计过程中更好地把握市场需求和技术趋势，保持和行业主流接轨，同时避免投入过多资源但结果与市场脱节造成的浪费。制定并落实好产品的战略战术可以进一步巩固企业的核心竞争力，提升企业的市场地位，促进其深度发展，实现企业的长期稳定发展。

一、战略与战术：产品定位和目标

战略本为军事术语，在新媒体产品设计中，战略决定了产品的定位、目标用户、市场份额等重要方面。战术原意是指导和进行战斗的方法，在新媒体产品设计中，战术用于确保战略的有效实施，以达到产品设计和业务目标。

将战略概念引入设计中，说明产品生产、推行是具有一定的目的性和策略性的，为了达到目的需要有计划和策略。战术是将战略抽象转化为具体可操作的步骤，这可能包括明确的产品开发流程、市场推广策略、用户交互设计等，通过精心制定的战术，团队能够更好地理解和实施战略，确保产品在市场上具备竞争力。新媒体领域的快速变化要求产品开发者具备灵活应变能力，战术提供了在变化环境中做出实时决策的框架。这可能包括根据用户反馈迅速调整产品特性、市场定位以适应市场发展新趋势等。战术的灵活性帮助团队更好地应对不断变化的市场需求。

战术是为了保障计划和策略完成，它在新媒体产品设计中扮演着具体执行、应变和优化的角色。通过战略和战术的紧密结合，新媒体产品团队能够在激烈的市场竞争中更好地规划、执行和调整，确保产品在不断变化的环境中取得成功。战略提供了方向，而战术为实现这一方向提供了手段和路径。这种协同作用为产品的可持续发展奠定了坚实的基础。

二、新媒体产品战略设计

（一）提升产品和企业竞争力的新媒体产品战略设计

在互联网技术快速发展的背景下，信息技术正在创造全新的世界，推动了现代化的发展，改变了企业的管理模式。企业面临的竞争是前所未有的，企业持续性、长期性的发展受到了前所未有的挑战，市场千变万化。在21世纪，许多头部企业的辉煌瞬间即逝，这也引起了企业对战略管理的关注。企业战略管理的核心目标是规划企业未来发展路径，实现企业的长期稳定发展，使企业能够适应未来行业发展需求，明确企业的经营方向并不断扩大市场规模。

企业的产品作为企业生存的根本，必然带有战略的属性，对新媒体产品的前期分析也包含战略设计，与企业的战略定位直接相关。

目前，战略设计是作为产品内涵外延存在的，如果缺乏产品的战略设计，就会存在产品形象定位模糊、设计因缺乏个性而无法被轻易识别、传播效应不足、公众参与意识薄弱等诸多问题[1]。随着学术界将设计提升到战略管理层面，设计会被界定为以目标产品的合理定位为前提，运用一系列市场营销的意识、机制和手段，对制作和设计产品的各种资源进行挖掘与整合，满足投资者、多层次用户的目标市场的需求，从而不断提升产品和企业竞争力的一种社会管理活动或过程的总称。

（二）解决设计问题的新媒体产品战略设计

设计和商业中的大多数情况一样，主要发生在三个层面：战略、战术和运营。其中战略工作是由较高管理层控制的，制定战略是先行军，是首要问题，否则，战略和其他层面是脱节的，因此在设计前期将设计的战略战术思维优先纳入尤为重要。

为了防止这三个层面发生隔断和鸿沟，我们需要放弃层次分明的模式，把它们放在同一平面考虑。如图1-7所示，我们可得到六个领域。

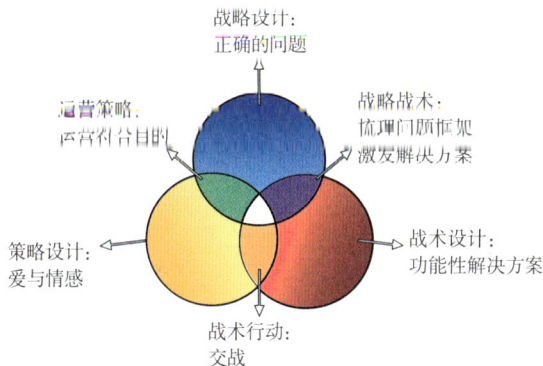

图1-7 战略战术所形成的六大领域

❶ 王昕. 城市形象数据建构下的深圳城市品牌设计战略 [J]. 包装工程，2023，44（2）：281-289，315.

1.战略设计：正确的问题

在前期设计时，需求探讨真正的核心问题是什么？为什么这是核心问题？围绕这个核心问题有什么假设？在这个项目中需要回答什么问题？

从根本上说，设计是一种把现有状态向更好的方向引导的行为，它总是在不断地发现问题，并提出解决问题的各种可能性，其最终目标是提升人们的生活品质。发现问题是解决问题的起点，是创新的基础，人类在发现问题和解决问题的过程中不断向前发展，因此对问题发现的研究就显得尤为重要，具有持续性的研究意义❶。

以中国老龄化的社会问题来进行描述（图1-8）。这是由三星电子（中国）研发中心委托的，由南京艺术学院工业设计学院的教师团队完成的《中国家庭服务设计研究》项目❷。设计团队在《服务研究背景报告》（61页）、《文献分析报告》（13页）、《竞争对手分析报告》（94页）、《竞争对手建档》（250页）、《服务趋势研究报告》（50页）中，分别从社会、经济、技术的角度进行了多维度分析。设计团队在设计的过程中，始终站在老年

"养老"问题描述地图

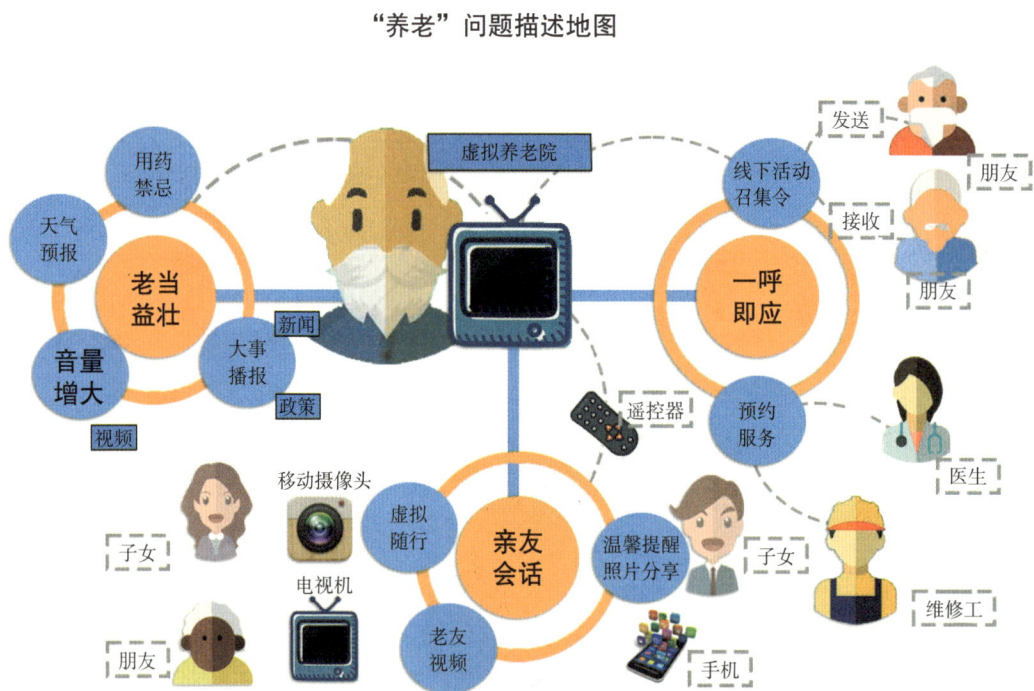

图1-8　设计中对"养老"问题描述的概念系统地图设计❸（根据相关资料绘制）

---

❶ 赵铖. 基于问题发现的设计方法研究［D］. 南京：南京艺术学院，2022.

❷ 赵铖. 基于问题发现的设计方法研究［D］. 南京：南京艺术学院，2022：83-84.

❸ 同❷.

人需求的立场上，对老年人遇到的具体问题进行系统的分析。通过对问题进行分类，对需要解决的问题进行分层，明确了设计需要达成的服务目标和服务内容。通过多维度衡量相关利益者之间的关系，确认虚拟养老院建设的可行性，获得相关社会服务系统的有效性构建。最终提交三星电子（中国）研发中心设计报告［961页演示文稿（PPT）］该设计针对的核心内容是中国当代子女因工作繁忙而不能全职照顾父母的问题。面对中国老人既需要养老服务，又需要家庭亲情陪伴的现实状况，明确了老年人的需求立场和家庭成员之间的矛盾等问题，问题的描述是具有指导性原则的就是战略设计，对整体问题用户的需求进行描述，从而明确设计的方向。

2.战略战术：问题框架

在提出解决方案（战术）和发现问题（战略）之间，需要做的工作是将主要问题转化为对问题的描述，从而拓展人们的思维，提出有效的解决方案。你解决问题的方式决定了你能找到什么样的解决方案。

这就需要论述什么是问题，包括问题的构成要素、问题的结构分类，以及问题的基本特征和部分学科中关于问题研究的观点。

对问题思维中的待解问题、抗解问题以及知识映射和溯因推理进行分析，进而对问题思维中的研究机制——环境约束、目标导向、范式转变和系统评价进行阐述。下面的案例同样是老年人的问题，以课程讲述中的学生的设计为例，通过启发学生对相关信息的再发现和再理解，调整了问题框架。图1-9和图1-10分别是两次收集信息的结果和对问题的再梳理。这些战略和战术的理解和调整，考验的是学生全面对社会中的人的多方面的理解，对其内在社会联系中的人的矛盾的理解。

案例

在"设计思维与方法"课程的教学指导中，有一位学生的案例探讨了一个荔枝摘果机器的设计方案，一开始构思时是为了做一个可以适应广西农村大部分树生果实采摘的机器，只是试图从机械臂与末端执行器的外形和功能上进行修改优化。教师指出调研报告显示出不同作物有不同的采摘方式和要求，随后调研进行修改如下：①气候条件。该村的气候十分适合荔枝种植，荔枝是广受欢迎的南方水果。②地形条件。荔枝自动采摘机的使用场景——种植地大多以山地丘陵地形为主，为了方便安全生产及方便大型车辆行驶，主路、支路及生产路的坡度均应小于60°，功能的方便与驾驶的安全十分重要，因此在后续的设计中将荔枝自动采摘机修改成能够适应山地、平原地区，即足够自由度旋转的机械臂和末端执行器的机器。

这是这个学生的全部设计方案，学生从一开始就是为了设计出能适应地形的产品，到确定了特定的水果的形态属性，提交了作品方案。

教师因为在他的资料收集中发现种植的人群多为老人，且为初中文化水平，便否定了这个设计方案。该学生的信息收集框架如图1-9所示。

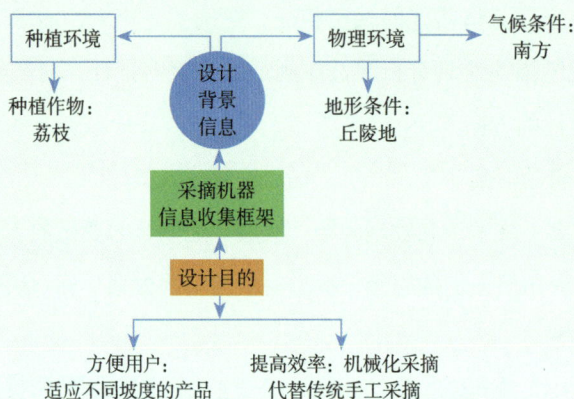

图1-9 "荔枝采摘机"信息收集原框架图

思考

结合图1-9说明信息的收集项，并重新说明问题的框架及框架的变更，提出新的功能性的解决方案。

简要答案

（1）问题框架的变更

设计师设计产品最终要面向用户，能解决用户的痛点才是设计开展的正确方向。在这个案例中，老年人才是该产品的最终用户，作为设计师，就要深入了解用户需求，可以从用户特性出发，围绕这目标用户展开的问题才是正确的问题。

从这个教学案例中可以看出，设计师往往在发现问题的过程中会误入歧途。认识到什么是设计师要解决的真正的问题后，那么现在问题的框架就会被重新制定。其中问题的框架也有层级的划分，它们之间是相互联系的，当框架的层级划分之后，可以很清楚地看出什么问题才是直击用户痛点的主要问题。

当正确的问题被找出之后，会发现围绕着这个问题的问题框架是有结构性的框架，它能为以后设计该产品提供战略性的指导。所以"荔枝采摘机"的信息收集框架应该将原先以"设计背景信息"为主改为以"用户核心类"为主（图1-10）。

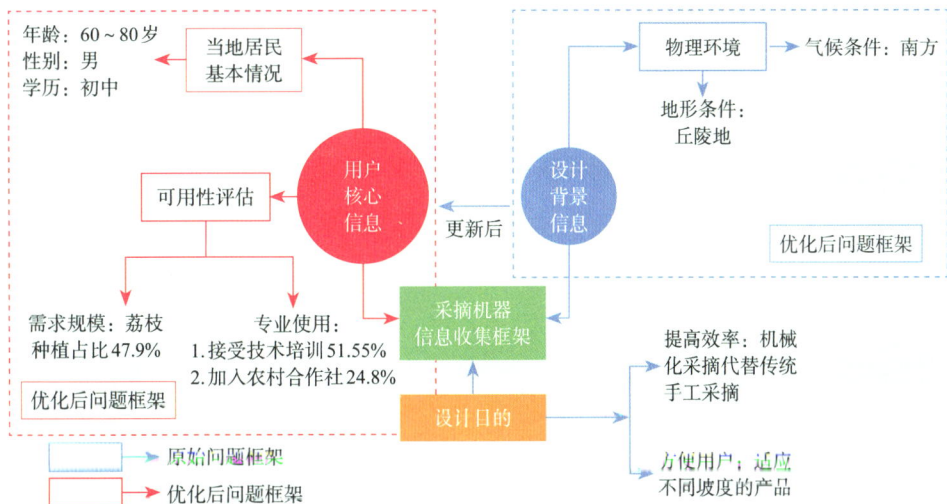

图1-10 更改后"荔枝采摘机"信息收集框架图

从上述信息框架可知"荔枝采摘机"的用户只有一半的人接受了技术培训，而且只有一小部分人加入了农村合作社，并且他们年龄偏大、普遍为初中学历。由此可见，他们在这个地方一定是从小就以买卖荔枝为生，那么他们已习惯了传统的手工采摘，现在如果突然换成机械采摘机，他们难以接受，所以只有一小部分人愿意接受技术培训。如果不解决这一问题，设计出再适应地形的机器，用户不接受，设计也不会有用户使用。技术接受才是该产品的主要问题，从地形思考出发为主的外形改造为主是次要问题，所以现在的设计建议与对策如表1-5所示。

表1-5 问题的层级关系表

层级关系	初始的设计问题	问题框架	变更后的设计问题	问题框架
主要	当地的物理环境会对荔枝采摘季产生什么样的影响？	（1）当地的气候条件是否符合荔枝种植条件？ （2）设计的荔枝采摘能否在当地的山地丘陵地形条件下方便驾驶？	（1）用户本身的基本状况会对荔枝采摘机使用产生什么样的影响？	（1）用户大部分学历为初中，会不会因为产品太复杂，用户难以理解？ （2）当地用户是否呈现空心化状态？
			（2）机械产品是否能被当地老年人接受？	（1）是不是不愿意接受这种新科技产品改变他们原来的采摘方式？ （2）是不是没有人帮助他们操作新科技产品？
次要	无	无	当地的物理环境会对荔枝采摘季产生什么样的影响？	（1）当地的气候条件是否符合荔枝种植条件？ （2）设计的荔枝采摘能否在当地的山地丘陵地形条件下方便驾驶？

（2）解决方案

①设计出系列化机器。"荔枝采摘机"的主要用户是受教育程度都不高的老年人，为了降低机械产品的难度，以及方便老年人劳作工作，应全方位提高机械化程度，不仅仅在荔枝采摘的工作地方机械化，还要在荔枝种植时喷药、修剪、肥水管理等方面进行机械化或半机械化的探索，并且这一系列的机器统一适合老年人操作的使用逻辑。

②设计不同技术难度的机器。该地的老年人呈空心化状态，愿意加入农村合作社的老年人也较少，为了能更好地与老年人交流机械的使用方法，在荔枝采摘的过程中逐步教学，达到老年人逐渐接受机械使用的目的。与高校培养职业农民一起，合作提高农民培训覆盖率，不仅局限于合作社的社员和龙头企业，应更多覆盖到镇政府下辖的各村委会，使社会资源分配更加合理。

③打造出具有品牌标识的机器。该地的老年人一直采用传统的采摘技术，突然更新技术，他们会难以接受。地方政府一起打造出具有广西当地地理标志的品牌机械，深度挖掘荔枝历史文化，注重产品和产品品牌同时输出，定时定期主办荔枝文化节，积极参与各地举办的农业展览会等，提高知名度和影响力，从而提高"荔枝采摘机"在村民心中的认同感，达到他们愿意接受新技术的目的。

3.战术设计：功能性解决方案

战术是通过提出解决方案来解决问题。我们将开发哪些解决方案来回答问题、解决问题？什么解决方案最适合解决项目中的问题？

功能性解决问题，往往考虑产品实际解决问题中的操作执行的效果。在上述"荔枝采摘机"的例子中，比如影响采摘机效果主要可以依靠设计如下参数进行试验分析优化，主要参数的确定通过预实验确定为：梳摆杆的梳摆频率、梳摆杆的间距（纵向）、梳摆杆的重合度（横向）三个因素作为研究对象进行试验，试验指标使用了采摘试验中常使用的采摘效率、破损率两个指标来评价不同水平组合的采摘性能效果。[1]

同时，学生在机械外观设计上展现了机械的科技感、简洁感，但是从观感上就能感觉到机械的复杂度，给人一种疏离感。而且"荔枝采摘机"的用户多为老年人，他们在看到如此机械化的产品时会感到产品难以理解，增加了他们的学习成本（图1-11）。

在设计中，我们需要关注到用户的情感需求，在保证产品物理性的前提下，设计出符合使用者心理感受的产品。比如利用"感性工学"对产品的视觉外观进行设计，感性工学的核心思想是在社会科学研究中使用数理的分析方法，尝试在理性分析的基础上将感性问题进行

---

[1] 李伯阳. 基于机器视觉的梳摆式荔枝采摘机研究 [D]. 华南农业大学, 2022.

量化，试图确定人与事物之间的逻辑关系，将用户作为研究对象，并认为人与事物之间的逻辑关系为表征感性问题的唯一特征。

在设计老年人使用的"荔枝采摘机"时，如何削弱冰冷的机械感，增加其"亲和关爱"的成分就显得尤为重要。为了突出机械产品的亲和力，给出"荔枝采摘机"外观设计的原则建议。

（1）拟人化要求。机器人整体达到柔和圆润的形态，摆脱以往机器人的冰冷机械感，并注重服务相关怀的特性。

（2）易操作性。用户能够通过显示屏进行交互，当显示屏上出现相关信息提示时，用户能进行触屏操作，从而完成操作反馈。

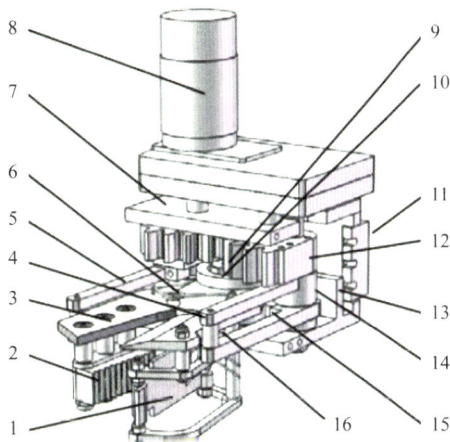

图1-11 "荔枝采摘机"外形

1—柔性指 2—刚性指 3—右刀片 4—左刀片
5—摆杆 6—复位扭簧 7—支撑板 8—动力源
9—圆螺母 10—压刀块 11—连接组件
12—扇形齿轮 13—机架 14—摆杆转轴
15—刀片销轴 16—滚子

（3）形态统一。在整体造型上有便于识别的一致性，细节形态的塑造能将整体形态DNA延续下去。

（4）现代美感。造型简洁大气，整体配色不宜过多，以两到三种为最佳，同时又要避免单一色彩。

4.战术行动：交战

在提出功能性解决方案和确定确切外观之间，需要做的工作是：如何设计这些功能性解决方案，从而吸引用户。这不只是关于功能和外观的问题，而是关于交互模式、流程、用户旅程，以及我们为用户和业务提供解决方案的方式。

地方政府可以与设计部门一起打造出具有广西当地地理标志的品牌机械，深度挖掘荔枝历史义化，注重产品和产品品牌的同时输出，定时定期主小荔枝义化节，积极参与各地举小的农业展览会等，提高知名度和影响力。借助农户喜欢参加的社交活动，从而提高"荔枝采摘机"在村民心中的认同感，达到他们愿意接受新技术的目的。

5.运营：爱与情感

美感在解决问题的成功与否中扮演着重要的角色。人是视觉生物，对解决方案的反应不仅靠头脑，而且包括心灵。美丽使人热情，使人敞开心扉。

当产品运营能够触动用户的情感，引发共鸣和情感共振时，用户会更加喜欢、依赖和信任这个产品，从而增强用户黏性和用户忠诚度。

6.运营策略：运营符合目的

整个过程是一个循环。因此，在运营之美和战略问题之间需要做的工作是确保解决方案与发现的问题一致。最终的解决方案是投入到发现新的和更基本的问题上。如果解决方案是有爱的，那么解决方案就有了目的和意义，同时也解决了根本问题。

整个设计过程的目标是帮助优化设计方案，并且整个过程是不断循环的。由于知识的限制，人们很难在复杂项目开始时就想出好问题。循环问题和假设阶段应该是一个持续努力的过程。需要足够的循环回到问题阶段，提高利益相关者的参与度，不断解决利益相关者的最基本问题，直至解决方案生成最优结果。要注意的是，很多设计师往往过于追求美观，然而美观的作用只是为了增加产品的吸引力，设计师还是应该始终把利益相关者问题放在中心地位，即用户需求，回归到设计的问题上。

以前面所说的教学的"荔枝采摘机"为例，设计组最后给出的解决方案如下。

（1）设计出系列化机器。"荔枝采摘机"的主要用户是受教育程度都不高的老年人，目的是降低机械产品的难度，方便老年人劳作工作。全方位提高机械化程度，不仅是在荔枝采摘工作的地方机械化，还要在荔枝种植时喷药、修剪、采摘、肥水管理等方面进行机械化或半机械化的探索，并且这一系列的机器统一适合老年人操作的使用逻辑。

（2）设计不同技术难度的机器。该地的老年人成空心化的状态，愿意加入农村合作社的老年人也较少，为了能更好与老年人交流机械的使用，在荔枝采摘的过程中逐步教学，到达老年人逐渐接受机械使用的目的。与高校培养职业农民一起，合作加大农民培训的覆盖率，不仅局限于合作社的社员和龙头企业，应更多覆盖到镇政府下辖的各村委会，使社会资源分配更加合理。

（3）打造出具有品牌标识的机器。该地的老年人是一直用传统的采摘技术，突然换了新技术的使用，他们会难以接受。

第四节　最小可行性产品

在产品设计前期，为了验证概念、降低风险和成本、提前获取反馈，以及快速上市和建立竞争优势，制作最小可行性产品（Minimum Viable Product, MVP）是非常重要的。

最小可行性产品是一种早期的产品原型，它通常只包含最基本的功能和设计元素，以满足最基本的市场需求。关键是，最小可行性产品应该只包含核心元素，在做完这个最小可行性产品后，会知道开发的产品将满足目标客户的哪些核心需求。

通过制作最小可行性产品，可以更快速地收集客户反馈和意见，从而使产品与客户需求保持一致，并且可以避免在产品释放后花费时间和资源来修复的问题。此外，制作最小可行性产品还可以降低在开发周期内发现有缺陷的概率，从而使开发周期更加有效和高效。

一、最小可行性产品设计的概念

最小可行性产品是由埃里克·莱斯（Eric Ries）在《精益创业》里提出的一种软件开发方法，其核心观点就是用最少的投入得到最快的产出。简单地说，就是指通过提供最小可行性产品获取用户反馈，并在这个最小可行性产品上持续快速迭代，直到产品到达一个相对稳定的阶段。最小可行性产品的特点：①具有产品的核心特质。②不拘泥于形式。

这个最小的产品一定要有解决用户核心痛点的能力。一开始不用太拘泥于形式，视频、文字、博客上简要的概述、App原型、利用相关材料制造的实物等，只要能很好地解决问题、验证市场的需求，形式如何不要紧，重要是帮设计者收集进一步的需求，并可以通过后续不断优化产品去解决设计问题。

从最小可行性的定义上可以看到，相对于开发成熟产品，最小可行性产品实验成本低，能快速获得市场反馈，验证需求真伪，方便快速迭代应对市场需要。

以设计汽车产品为例，假设需要造一辆汽车，首先可能会想到应该有方向盘、轮胎、发动机、仪表盘、安全气囊、中控系统、底盘、车门、车灯、雨刮器和座椅等（图1-12）。如果以最小可行性产品设计的方法判断车的概念是什么，以及用户是否对设计的车感兴趣，可以对产品的可选项进行如下分析，安全气囊、车门、车灯、雨刮器、中控系统属于汽车的安全设计；底盘、座椅属于汽车产品的舒适设计。然而汽车最核心的需求是汽车能够行驶。所以最小可行性产品需要找出最核心的部分，即确定哪些是可以去掉的，哪些是为了达到目标不可或缺的。最后发现，要达到目标只需要四个部分。在汽车的最小可行性产品中，选择发动机、轮盘、方向盘和底盘作为核心组成部分是出于确保基本功能的考虑。这些组件代表了汽车的核心运动和控制系统，以确保车辆能够启动、行驶并由驾驶员控制。其中发动机是汽车的动力源，提供驱动力以使车辆移动，没有发动机，汽车将无法行驶。轮盘包括车轮和轮胎，是车辆在道路上行驶的基础，轮盘使汽车能够移动，并且对悬挂系统起到关键的支持作用。方向盘可供驾驶员控制车辆方向，确保车辆按照预期的方向行驶。底盘指车辆的底盘结构，包括底盘框架和悬挂系统，为车辆提供结构支持，以适应不同的道路状况。

图1-12 最小可行性产品图标——以汽车制造为例

运动、控制和操纵的基础功能得到验证，就可以逐步添加其他功能和特性来完善汽车的性能和用户体验。这样的方法有助于在产品开发的早期阶段验证汽车是否能够基本实现最初的设计目标。因此，在产品设计初期，需要重点研究的是怎样把这四个部分做出来并组合在一起。这就是一个最小可行性产品的例子（图1-13）。

图1-13 最小可行性产品的核心图标——以汽车为例

通过上述例子可以发现，最小可行性产品设计的流程可分为四个步骤。

首先，明确产品核心功能。确定最小可行性产品的目标和关键需求，这些需求应该是解决用户问题的关键要素。

其次，找不可或缺点。与目标用户群体交流，了解他们的需求和痛点，并收集反馈。观察用户在现有产品或解决方案上的使用情况，寻找可能的改进点。基于收集到的用户反馈和观察信息，确定最小可行性产品的关键功能。这些功能应该是解决用户问题的核心。根据用户痛点的重要性和解决方案的复杂性，对关键功能进行优先级排序。确保首先实现最重要的功能。

再次，研发阶段。根据关键功能的需求，在用户界面上设计最小可行性产品的原型。原型可以是简单的线框图或交互式模拟。基于设计的原型，进行最小可行性产品的开发。这可以是一个简化的版本，只体现关键功能。

最后，产品快速迭代。对最小可行性产品进行测试，收集用户反馈并进行迭代改进。持续观察用户使用情况，发现问题并予以解决。

二、最小可行性产品设计的注意事项

最小可行性产品设计的两个关键点在于它既是一个最小规模的产品，又是一个可行的完整产品。

在进行最小可行性产品设计时，首先，这个产品是理想中完整产品的子集。例如，如果准备生产汽车，那么对应的最小可行性产品应该是一辆汽车，而不是一辆自行车。

其次，最小可行性产品是一个可行的完整产品，而不是产品的一部分。例如目标是造一辆汽车，对应的最小可行性产品应该也是一辆有汽车核心功能的车，而不仅是车的一个轮胎。最小可行性产品的作用之一是可以快速检测产品方向是否正确，并且需要真实上线反馈。

再次，最小可行性产品设计的前提是产品的核心功能和产品方向是明确的。虽然最后可能根据市场反馈调整产品方向，但是在产品设计阶段一定要有一个清晰的目标。最小可行性产品的迭代是一个不断完善的过程，而不是一个不断让产品变来变去的过程。

最后，最小可行性产品不等于粗糙的产品，也不是测试产品，而是要提供给用户的真实产品，是为了验证产品方向以最小成本研发的一款完整的产品。因此，在设计最小可行性产品时需要认真对待。

无论是在试验从未有人用过的新产品的想法，还是为已有大量用户的产品添加新的功能，都应该有使用最小可行性产品的习惯，我们可以把最小可行性产品的实现归纳为以下几点：①找出风险最大、最重要的设想。②把这种设想以一种可测试的假设描述出来。③构建一个最小的实验（一个最小可行性产品）去测试假设。④分析结果。⑤用新发现去重复第一个步骤。

结语

本章从如何建立设计战略起点开始，逐步聚焦于解决最关键的问题，最终推出最小可行性产品。

结构化收集数据有助于深入了解目标用户的需求和行为。本章解释了如何建立信息框架，从信息框架中正确设计问题是确保设计团队专注于解决真正问题的关键步骤。明确的设计问题有助于确保产品开发过程中的目标清晰，并避免在设计过程中偏离方向。分析并设计最小可行性产品有助于降低产品开发的风险。通过聚焦于最核心、最关键的功能和特性，团队可以更迅速地推出初步版本，验证产品概念，并及早获取用户反馈，有助于在投入大量资源前识别问题并进行调整。

通过系统收集、分析数据，并从中找到正确的设计问题，设计团队可以在产品开发的早期阶段就有针对性地进行设计，确保产品满足用户需求、解决关键问题，并在市场上具备竞争力。最小可行性产品的设计和推出为团队提供了机会验证他们的设计假设，有助于进一步优化产品，最终达到更高的用户满意度和市场成功率。产品设计是一个不断迭代、持续优化的过程，为了适应变化的市场需求和用户期望。

第二章

新媒体产品的项目规划实施

　　项目管理流程通常包括对时间和资源的有效管理。设计师了解这些流程可以更好地规划和管理设计工作，确保在预定的时间内完成任务，同时有效地利用可用资源。通过了解项目管理的流程，设计师可以更全面地参与项目，并确保他们的设计工作更好地集成到整个项目框架中，最终提高项目成功率。

知识目标

了解新媒体产品项目管理流程。理解什么是面向设计认知的设计概要，理解产品开发中原型的作用。

了解项目管理的工具——甘特图、用户看板，并且明白产品经理沟通的重要性。

能力目标

培养学生的沟通能力。项目管理要求清晰沟通，与团队成员沟通时需要借助管理工具，如设计概要、开发原型、甘特图，还需要与客户、利益相关者进行有效沟通，图表表达是重要的沟通方式。应培养学生的书面和口头沟通能力，以便有效传递项目信息及其进展。

培养学生的时间管理能力。项目管理强调按时交付成果。学生将学会制订合理的时间计划、设置里程碑，并有效地管理项目进度，确保项目按时完成。

具有团队合作能力。能够通过合作书写设计概要，小组合作使用甘特图、用户看板，并且明白沟通的重要性。

思政目标

培养学生的责任感。学生将意识到项目管理不仅是一项职业技能，更是一种社会责任。他们需要为项目负责，考虑到团队成员、客户，以及项目对社会的影响。

培养团队协作和集体主义精神。学生将通过项目管理流程的学习，理解团队协作的重要性。培养学生集体主义思想，使其认识到在团队合作中每个人的贡献都对整体项目的成功至关重要。

培养学生的社会责任感。学生将认识到他们的工作对社会产生的影响。通过项目管理学习，形成社会责任感，关注项目可能对社会产生的正面和负面影响，更好地履行社会责任。

本章重点

小组能够有效地组织、设计、模拟产品生产的过程。能够通过甘特图、用户看板等进行项目管理。

本章难点

在项目初期需要有流程化的思维，具备问题解决和决策能力。学生需要识别、分析和解决项目中的问题。权衡不同的选择，对任务进行排序，确定任务完成的先后顺序，确保项目朝着正确的方向进行。

具有创新性和灵活性。新媒体项目管理需要灵活应对不断变化的技术和市场环境。培养学生适应变化的能力，并鼓励其提出创新性的解决方案以适应管理过程中的突发状况和不断变化的需求。

全链式媒体产品设计与管理

第一节　新媒体产品设计前期管理

一、新媒体产品设计前期对产品经理的要求

工欲善其事，必先利其器。设计前期的成功与否对后面的创新设计过程和结果具有重大且不可或缺的意义。产品经理是产品的管理者、负责人，产品经理做出的产品，要满足有价值、可用性、可行性三个特点。产品经理其实是一种思维方式，通过产品来解决问题。在新媒体时代，产品经理是一种复合型人才，需要具备多方面能力。在设计前期，产品经理发挥着重要的作用，涉及产品开发、决策、管理、设计等方面。

设计前期对产品经理有如下要求。

首先，产品经理是项目的开发者。产品经理需要对产品开发的一些基础概念有所了解。笔记方法可以汇总产品策划、产品设计的产出物，是从概念化到图纸化的最重要的文档，产品需求文档的使用对象是研发、测试、前端及其他业务人员。

其次，产品经理是项目的决策者。产品经理是一种战略职位，必须经常做决策，如制订产品发展计划、确定产品功能、确定目标市场和目标用户、制定定价策略、决定产品推广方式等。因此，他们需要通过竞品分析、市场分析来寻找产品机会，还要决定项目的市场定位。在决策阶段应定义正确的方向，在研发阶段朝着这个方向正确地做事，如果方向不对，后续研发的努力都是徒劳。

再次，产品经理是项目的管理者。在产品研发过程中，需要通过充分地调动设计资源，再对其相应设计角色进行分工，需要产品经理对设计过程进行统筹规划。在产品设计过程中，可能会存在需求不明确或者其他没考虑到的地方，产品经理要及时跟进，果断决策，避免出现工期延误问题。

最后，产品经理是项目的设计师。产品设计师通过收集相关数据进行创新准备，为了呈现具体功能，需要考虑用户完成任务的操作步骤，每个步骤都涉及页面的布局，具体操作控件，操作以后的跳转或反馈。每个产品经理都应该有属于自己的"组件库"，拥有丰富的组件库，可以快速创建原型，提高产品设计效率（图2-1）。

总的来说，在设计前期，产品经理需要对市场和用户有深入的了解，确定产品的愿景和规划，定义产品的核心需求和功能，并与团队成员协作，最终推动产品设计顺利进行。在这个过程中，产品经理需要具备商业思维、用户体验设计、项目管理、数据分析、沟通能力、领导能力、分析思考能力、专业知识和创新精神等多个方面的技能和素质，以便更好地完成

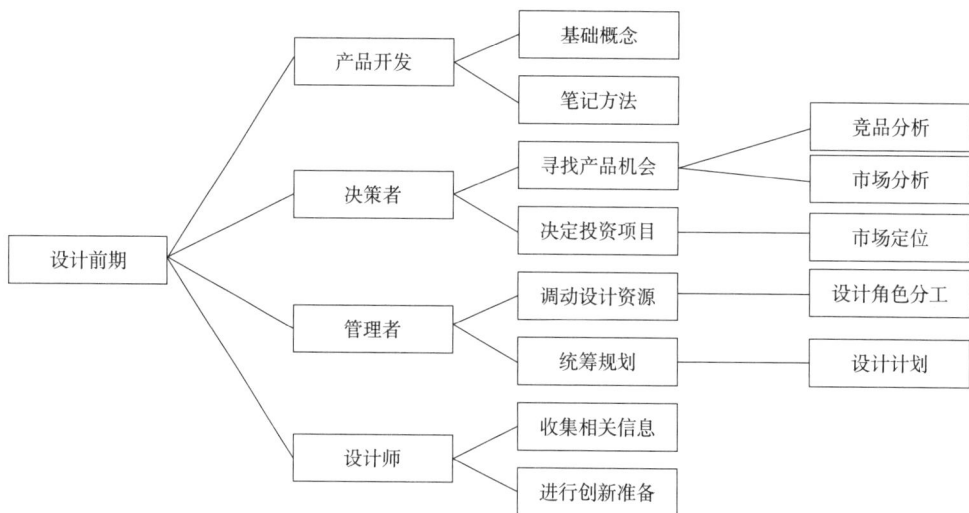

图2-1 设计前期产品经理承担角色总览图

产品规划和设计。

二、新媒体产品项目管理概述

从根本上讲，项目管理并不神秘，人类数千年来进行的组织工作和团队活动，都可以视为项目管理行为。但项目管理被发展、提炼成一种具有普遍科学规律的理论模式，却是近年来出现的。

项目管理是项目管理者在有限的资源约束下，用系统的观点方法和理论，对项目涉及的全部工作进行有效的管理。对从项目的投资决策开始到项目结束的全过程进行计划、组织、指挥、协调、控制和评价，以实现项目目标。

按照传统的做法，当企业设定一个项目后，参与这个项目的至少会有好几个部门，包括财务部门、市场部门、行政部门等，不同部门在运作项目过程中不可避免地会产生摩擦，须进行协调，这无疑会增加项目的成本，影响项目实施的效率。

项目管理的做法则不同，参与某一个项目的成员将组成一个项目团队，项目经理是项目团队的领导者，他的责任就是领导团队按时、保质地完成全部工作，在不超出预算的情况实现项目目标。项目的管理者不仅是项目执行者，还将参与项目的需求确定、项目选择计划直到收尾的全过程，并在项目范围、时间、成本、质量、人力资源、沟通、风险、采购、集成等方面对项目进行全方位的管理。因此，项目管理可以帮助企业处理需要跨领域解决的复杂问题，实现更高的运营效率。

第二节　撰写新媒体产品设计概要

一、什么是设计概要

本书引用了迈克尔（Michael G. Luchs）等学者的概念，认为设计概要（Design Brief）是一种篇幅较短（通常为2～20页）的说明文件，作用是向设计团队介绍项目的"对象、内容、时间、方法和内容"。它以书面形式介绍项目的目的和目标，以及管理层希望设计团队达到的预期成果。一篇条理清晰、内容完整的设计概要，可以帮助设计师理解客户要求，促进团队成员间的顺利沟通，最终保证设计概念在设计和执行过程中通过管理解决用户需求。虽然概念开发仅占用5%的开发成本，但是影响着最终产品70%的成本[1]。因此，利用设计概要把管理者的要求转化为可测量、可执行的设计概念，是一个至关重要的阶段。目前众多的设计概要属于商业机密，因此，我们能得到的设计概要从管理角度来看就是设计质量的监控书，它强调方案、制约因素和文件的深度，特别是从设计成本控制角度来看，能够有效地减少设计变更。

二、撰写新媒体产品设计概要的基本流程

撰写设计概要有助于提高项目管理的效率和质量，确保项目按照规定的目标和需求进行，并保证项目顺利实施和达成预期效果。

（一）新媒体产品设计概要的基本任务

首先，在设计准备阶段确定产品定位。明确项目的范围和限制条件，如预算、时间和资源等，从而帮助团队了解项目实施的可行性和局限性。

其次，列出需要解决的问题。将项目的目标和需求清晰地表达出来，帮助团队成员对项目有一个全面的了解，并确保设计方案符合项目要求。可以为每个团队成员提供明确的工作指导，使他们能够清晰地了解自己的任务和职责，并根据设计概要的要求开展工作。

再次，深化备选方案。要使利益相关者了解项目的重要依据，通过撰写设计概要，可以将项目的目标、进度、成果等信息共享给相关方，提升项目的透明度和合作性。

---

❶ 迈克尔·G. 卢克斯，K. 斯科特·斯旺，阿比·格里芬. 设计思维：PDMA新产品开发精髓及实践［M］. 马新馨，译. 北京：电子工业出版社，2020：15-16.

最后，确定本次目标，将设计概要向生产简化。这一阶段帮助团队成员评估设计方案的可行性和有效性，从而选择最佳的设计方案，进行开发和实施工作。

（二）新媒体产品设计概要的制作步骤

随着大型的、复杂的设计项目的出现、设计质量要求的提升，设计活动不仅是产生方案的活动，整个设计流程只有通过管理才能有效地运作起来，对设计过程的组织一方面是流程安排，使设计人员和步骤紧密配合，减少其中的反复和循环；另一方面是对任务的分配，使各个领域不同专业的人员相互配合。

编写优秀的设计概要的关键是共同创作。研究表明，在编写设计概要的过程中，概念的质量会有20%的提升。团队成员的合作和互动有助于激发创意和创新思维，促进问题深入探讨和制订综合性的解决方案。通过团队的共同努力和多角度思考，可以避免个人局限性和思维盲点，从而提升概念的质量。团队成员相互交流和反馈，可以促使进行更全面的思考和更准确的表达，进一步提高概念的清晰度和逻辑性。总的来说，团队共同创作和讨论的过程为设计概要的编写提供了丰富的资源和思维碰撞，可以显著提升概念的质量。这种合作性的创作模式有助于减少个人偏见和错误，提高设计概要的准确性、全面性和创新性。共同创作步骤可以分为以下几个阶段（图2-2）。

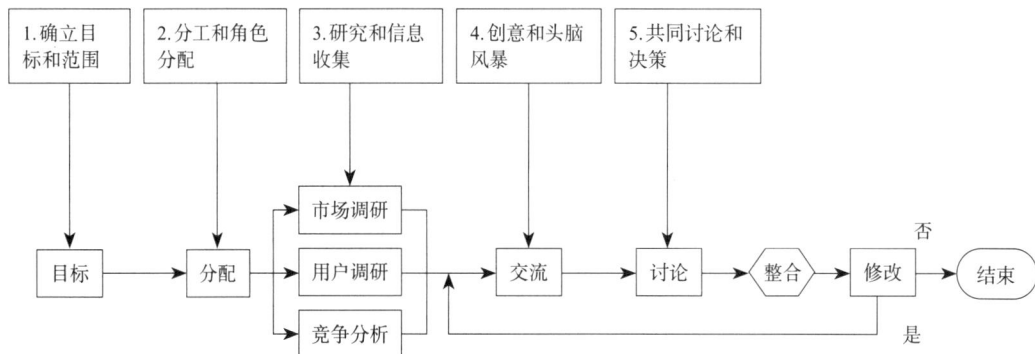

图2-2　设计概要制作步骤思维图

1.确定目标和范围

团队成员首先需要明确设计项目的目标和范围，包括明确项目的核心需求、预期的成果和期限。

2.分工和角色分配

根据团队成员的专业领域和技能，分配各自的角色和任务。分工和角色分配应该根据成员的专长和兴趣进行，以发挥团队的整体优势。

3.研究和信息收集

团队成员应该共同进行研究和信息收集，以获取与设计项目相关的背景知识和数据，包括市场调查、用户调研、竞争分析等。

4.创意和头脑风暴

团队成员可以自由提出各种想法和解决方案，尽可能涵盖不同的视角和创新的思维方式。

5.共同讨论和决策

在讨论设计概要的过程中，团队成员应该共同参与并提出自己的观点和建议。最终，通过共同的努力和合作，团队应该达成共识，并做出最佳的决策。

（三）优秀的新媒体产品设计概要标准

设计师的灵感来源有很多，包括自然、时尚、艺术、日常生活及科学技术等。虽然有些来源看似与项目毫无关系，但是有可能在今后启发设计师设计出全新概念。所以，一篇具有启迪性的设计概要不仅要为设计师提供指导，还要为他们提供一种思路，帮助他们打破思想的限制。迈克尔的《设计思维》一书中总结出了九个标准，称为设计质量的九项标准（Design Quality Criteria，DQC）❶。其详细介绍、具体要求和每项标准的评判指标如表2-1所示。

表2-1 优秀的设计概要应该满足的九个标准

类别	标准	含义	要求	通用指标
战略	理念	设计以视觉化的方式传递组织的理念	公司的历史、价值观、信念、愿景、使命和战略方向是什么 如何体现品牌	战略目标的实现程度
	结构	设计应该体现对五力分析❷和SWOT分析的理解	公司的业务领域是什么 公司的业务模型是什么 如何实现横向和纵向整合 公司的竞争优势是什么	无
	创新	设计在带来创新概念的同时，还应该发掘新的创新机遇	公司有哪些业务创新领域（如技术、财务、流程、供应或运输） 突破性创新还是渐近式创新 公司的目标是什么	研究和开发预算 专利、版权及商标数量 新产品所占的收入比率

---

❶ 迈克尔·G. 卢克斯，K. 斯科特·斯旺，阿比·格里芬.设计思维：PDMA新产品开发精髓及实践［M］. 马新馨，译. 北京：电子工业出版社，2020：15-16.

❷ 见第四章第一节。

类别	标准	含义	要求	通用指标
环境	社会/人	设计应该经历用户研究、概念测试并公布成果	用户和其他股东的文化联系、身份、需求、行为和活动是什么	满意度（产品相关）满意度（使用相关）员工满意度
	自然环境	寻找环境友好型机遇，为环保贡献力量	需要满足哪些环保要求	无
	财务可行性	设计应该为业务模型开发（包括定位、价值生产及缩减成本）提供与设计相关的知识	公司对一定时期内的市场份额、每股盈利及投资汇报有哪些与预期要求	收入/销售额 市场份额 净收入/盈利 销售额百分比（新客户）销售额百分比（回头客）
性能	流程	编写设计概要，整合概念及筛选，并为后续开发提供支持	项目的预算、日程和可交付成果分别是什么 如何统筹与协调项目和其他项目的关系	投放市场所需时间 设计修改次数 周期时间 完成的产品数量
	功能	设计应整合供应和用户的反馈，并在此基础之上开发产品功能和特点	无	无
	外观感知	设计把供应商和用户的想法转化为特质、形式、特点、尺寸、外观和细节；用引人入胜的故事传达完整的品牌内涵	品牌的特点、设计风格和设计原则（如尺寸、外观和细节）是什么	无

案例

为创新产品设计项目编写设计概要，既是一门艺术，又是一门科学。优秀的作者们需要在详细介绍项目内容的同时，保持言简意赅。下面以提交给乐高公司的一份设计概要为例[1]。

（1）理念：乐高品牌（LEGO）源自两个丹麦单词的缩写——Leg Godt，意思是"尽情玩耍"。品牌的最终目的是启发和培养儿童的创意思维能力和系统思考能力，帮助他们释放潜力，分享未来。孩子们的想象力，就是乐高关注的重点。

（2）结构：乐高集团为家族企业，目前由基尔克比（KIRKBI）投资公司和乐高基金会共同拥有。KIRKBI不仅持有乐高集团75%的股份，同时还持有默林

---

[1] 迈克尔·G. 卢克斯，K. 斯科特·斯旺，阿比·格里芬. 设计思维：PDMA新产品开发精髓及实践［M］. 马新馨，译. 北京：电子工业出版社，2020：15-16.

娱乐集团38％的股份；乐高乐园主题公园就是由后者运营的。乐高基金会持有25％的集团股份。乐高是目前世界上最大的玩具制造商之一。

（3）创新：2004年，乐高集团听取消费者意见、采用新技术并重新调整业务重心，成功扭转了销售额持续下滑的局面。了解了消费者的想法后，集团意识到，消费者会不断购买以善恶对立为故事的成套玩具，这说明这种对立冲突具有吸引力。此外，乐高还不断应用新技术，将开放流程从两年缩短为一年。集团根据市场反馈设计产品，并在生产周期早期及时发现缺陷，稳定了产品质量。最后，集团的业务范围从服装、主题公园和游戏等领域转变成以积木玩具为核心业务。

（4）社会/人：年龄较小的儿童在玩积木时倾向于任意发挥，而年龄稍长的儿童则会搭建更复杂的积木，并逐步在作品中加入故事、工程和美学元素。成年的乐高迷们会借助小小的积木不断扩展人与人之间的可能。因此，儿童及其家长是乐高产品的主要受众，而乐高也始终追随他们的脚步不断进步。

（5）自然环境：乐高积木和储物箱均以硬纸板纸盒包装出售，应该缩小包装盒的尺寸，减少对包装纸板的消耗，维护森林的可持续性发展。

（6）财务可行性：为了让投资回报率达到最大，应该从材料选择、方便处置可回收、安全标准（包括美国及欧洲）及可行性等方面进行考量。

（7）流程：设计师在展示艺术设计的时候，应该使用指定的幻灯片模板，最多展示12页幻灯片，文件大小不应超过5MB。允许同时提交1份视频：限时3分钟，文件大小不应超过50MB，接受MP4、AVI、FLV、MPG及WMV等文件类型。

（8）功能：应该探索一种全新概念，作为当前积木玩具和储物箱的潜在替代产品。这一概念应该满足以下要求，考虑到玩具将陪伴孩子们度过整个童年，应该让家长和赠送者对产品的性能和保存性有足够的信心。概念必须具有生产可行性，项目必须说明如何生产，以及如何把新产品融入现有产品线。

（9）外观感知：产品外观应该明确传达出乐高品牌的想象力、创造力、趣味性和学习培养能力。产品应有具体特定的外观风格：几何造型、边角圆润、用色鲜艳。

概念：设计概要

提供了设计项目的核心信息和目标，以便为设计团队、利益相关者和决策者提供一个清晰的理解框架。

第三节　新媒体产品设计的项目管理

随着市场竞争的不断加剧，设计师了解项目管理流程变得尤为重要，因为这有助于他们在竞争激烈的市场环境中更有效地执行和交付设计项目。首先了解项目管理流程可以帮助设计师更有效地规划、执行和监控设计项目。这有助于提高工作效率，加速设计项目的交付速度，使设计师能够更迅速地响应市场需求和客户要求。其次，项目管理流程强调适应性和灵活性，这对于在不断变化的市场中生存至关重要，所以设计师通过了解项目管理的方法，可以更好地应对项目需求和市场变化，快速调整设计策略以适应新的挑战。并且通过有效的项目管理，设计师可以提供更高质量、更有创意的设计解决方案，提升客户满意度，从而在市场上建立良好的口碑和声誉。最后，在竞争激烈的市场中，项目往往需要多个专业领域的团队协同工作，了解项目管理流程有助于设计师更好地与其他团队成员协作，确保项目的各个方面都得到适当的关注和协调。

一、制定新媒体产品项目管理的流程

项目进行过程中，设计师利用流程图勾勒出想呈现的内容。流程图显示从项目启动到流向项目终点所在的这一个时间段中的所有过程。这种记录项目的方式也出于监管和控制项目过程的需要，能有效地控制时间、保证质量，同时将基于时间节点和任务完成情况，制订出一个完整的变更和控制计划，预防风险和其他问题。整个过程意味着有阶段性、连续性的步骤和保障步骤完成的重要时间节点。

在团队合作中，团队成员需要有效地对任务进行分工，从而确保每个人明确自己的任务。同时在管理过程中，随着事物的发展，还需要有效地新增编辑任务。

（一）项目管理的五阶段流程

项目管理可划分为五个阶段——启动、计划、实施、监控和收尾，称为项目管理的五阶段流程（图2-3）。

如果设计师需要将这五大过程运用于实际工作中，就要清楚地了解项目的需求和目的，包括以下三点。

（1）完成整个项目需要做的准备工作。

（2）需要哪些人员进行协作，以及需要多少人进行协作。

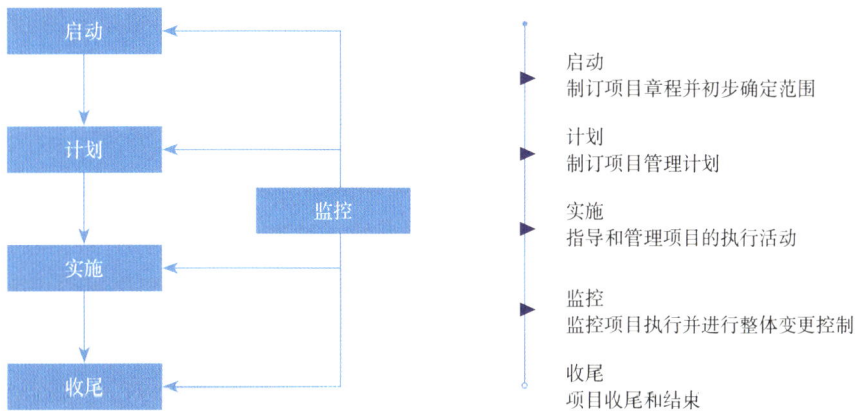

图2-3 新媒体产品项目管理流程

（3）如何构建有效的沟通机制，协同执行。

（二）新媒体产品项目管理的阶段

1.启动：明确项目需求，其目的是快速制定项目安排

在职场中，如果无法确定工作的需求或者目的，就会像"无头苍蝇"一样乱转，而且到处碰壁，导致项目的进度难以被推进，哪怕好不容易完成了，项目也过了最初设定的时间点，也往往因精度不高，导致返工。

因此，如果能在项目启动的阶段就明确项目的整体需求和目的，那么项目的推进速度和完成质量就会高得多，因此，在这个阶段需要确定项目的背景、需求、目的及主题等。

2.计划：合理分配任务内容，设置对应提醒事项

众所周知，项目的一大特征是渐进性。所以要对整个项目进行合理规划，才有助于将工作目标进行高度链接，这个时候就要对项目进行拆分，划分项目的阶段。

一个庞大项目的完成往往需要具备诸多的必要因素，只有将这些必要因素的工作全部完成，整个项目才是已完成状态。也就是说，规划就是将整个项目所有需要做的工作进行合理拆分，通过设定时间区间，让所有工作可以环环相扣，有条不紊地完成。

因此，如何划分项目的阶段，如何合理规划也很重要。凡事预则立，不预则废。一开始就规划清楚，将项目所有的工作都罗列出来，并且设定时间节点，给不同人员派发不同的工作内容，定期复盘，即可让整个项目有条不紊地完成。

3.实施：畅通项目沟通渠道，提高内部交流效率

完成任务分配后，就到了项目推进中最重要的一个部分——执行。在传统的项目管理模式中，成员之间最大的问题就是沟通不畅，这一点在负责同一板块下不同部分的成员间最为明显。沟通不畅的后果往往就是做出来的内容与需求不符，最后不仅费时费力还会拖延进度。

事实上，合理、快速、有效的沟通是项目发展的"助推剂"。但是在工作中，因为沟通不到位导致项目的成果交付与最初设定相差甚大的情况随处可见。

4.监控：对项目的进度、质量、成本和风险进行监测和控制

监控阶段是持续的过程，用于追踪项目的执行情况。这包括对项目进度的监测、成本的控制、质量的评估和风险的管理。通过监控，项目经理可以及时发现并解决问题，确保项目朝着正确的方向前进。

5.收尾：正式结束项目，评估项目绩效，记录经验教训，释放资源

在项目接近完成时，收尾阶段主要涉及总结项目经验，评估项目绩效，确定项目的完成度，并准备项目的正式结束。这包括制定项目报告、总结团队工作、完成最后的验收和客户交付、释放项目资源，并记录经验教训以便未来的项目学习。

这五个阶段构成了一个完整的项目生命周期，并提供了一个结构化的方法，以确保项目按照既定的目标、质量标准和时间表完成。每个阶段都是为了有效地管理项目，确保项目成功交付，并在整个过程中提供监控和控制。

二、作为新媒体产品项目管理的工具

（一）甘特图

1.甘特图的概念

甘特图是一种线条图，20世纪初由亨利·甘特（Henry Gantt）开发，因此被命名为甘特图，也有人将其称为横道图、条状图。它以图示通过活动列表和时间刻度，表示出特定项目的顺序与持续时间。一般甘特图使用横轴表示时间，纵轴表示活动或项目，线条表示期间计划和实际完成情况。

简单理解，甘特图就是以横线来表示每项活动的起止时间。在项目管理中，甘特图能够为项目提供有效的概述。例如，需要完成哪些任务、任务需要完成的顺序、每个任务应花费多长时间、在项目期间完成了多长时间的任务等。

甘特图的实质，就是为了表明如何恰当地安排工作程序和时间，有效提高工作效率（图2-4）。

2.甘特图的特征

甘特图一般包含任务、资源（人力）、时间三个要素，直白地讲就是"什么人在什么时间内完成什么任务"。基于这三个要素，要求绘制甘特图时遵循以下三个原则。

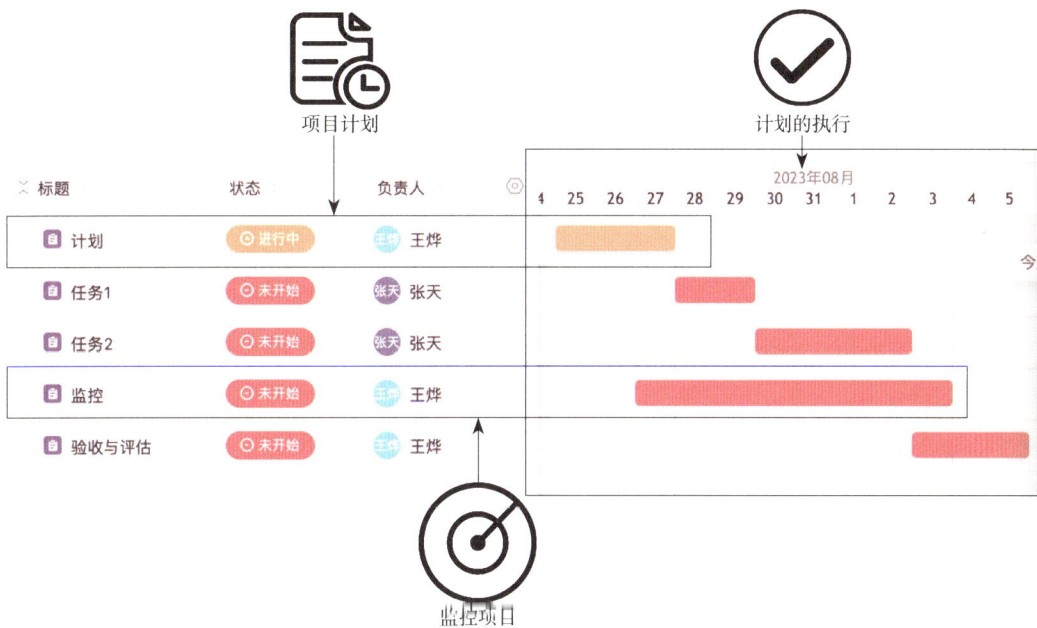

图2-4 某项目实施甘特图

（1）任务具体可执行：每项任务必须是具体的可执行的工作，最好有明确的优先级。

（2）任务分配合理：人力资源一定要和工作内容匹配，让合适的人做合适的事。

（3）时间安排合理：时间期限不能由管理层拍脑门敲定，具体的执行人员一定要参与时间的评估，给任务预留缓冲时间。

3.甘特图的组成部分

（1）项目计划。项目计划是一个复杂的规划过程，它从规划、收集需求和范围开发开始。可以用于项目级别的指标或项目记分卡，两者都会导致项目计划。当然，该计划会导致资源、预算、时间表等。这些子集中的每一个都会导致流程图中的另一个点，如沟通或风险计划，这些又会流入变更控制计划和质量管理。最终，您获得批准进入执行过程，或者没有获得批准，将您送回起点。

（2）计划的执行。执行可以是一个完整的其他流程图，推进项目团队的发展，确保质量和沟通分配的方式。同样，可以回到起点、取消该阶段或继续下一个过程。

（3）监控项目。使用一个流程图来记录项目的监视和控制过程，从监视和控制开始，产生一个完整的变更控制计划。它可以控制质量，进而报告风险和问题，等等。

4.甘特图的实际使用

甘特图需要一套软件系统来管理任务，具备基本的任务管理功能，能新增和编辑任务，确定任务的完成时间，指定任务优先级，将任务分配到一个或多个资源，提供图形化的显示功能。

（1）定义项目的信息。项目信息包括项目开始时间、项目文件名称、项目日历时间等。这一步可以通过"项目向导"完成。对项目进行分解，采用大纲与分级结构列出项目的所有子任务。这应该是逐步细化的过程。

（2）列出任务。最先列出摘要任务或者里程碑任务，然后对每一个摘要任务进行分解，列出子任务。任务分解的程度以自己管理的要求为准。

（3）对所有子任务填写估计工期。在填工期值的时候无须考虑资源可用性的情况，仅根据项目进度的安排列出每个子任务的工期即可。

（4）设定任务的链接关系。共有四种任务链接关系，根据任务之间的实际逻辑关系，选择合适的连接类型，对所有的子任务进行链接。将产生两种不同的流向：如果项目章程未获批准，必须调整或取消项目，这会导致重新启动或者项目取消；如果项目章程获得批准，那么可以继续规划过程。

管理是一个关键的业务过程，涉及对产品生产或服务输入过程中的种种要求进行识别、分析、优先排序和完成或满足特定的任务需求。表2-2是这些步骤的具体内容以及所对应甘特图的功能，可以帮助设计师有效地管理需求。从表中可以看出甘特图不仅能够反映每一项具体活动之间的先后顺序和依赖关系，还能够反映项目单个活动的计划进度，以及整个项目的计划进度。利用甘特图分析法，可以通过将各项目分解任务的计划开始时间、计划完成时间与实际开始时间、实际完成时间、实际完成进度进行绘制，从而直观地展现各个项目活动的进度，显示与进度计划的偏差（表2-2）❶。

表2-2　甘特图与项目管理对应表

项目管理步骤	内容	甘特图步骤	甘特图功能
识别	明确要实现的目标，并将其分解为具体的任务。确保目标具有可衡量性和可实现性	计划	通过前期对项目的识别与分析，通过"计划"项目，形成两个具体的任务，并根据项目需求完成要制定时间最终完成的截止日期，并初步分析任务的难度和可行性，合理规划制作时间。通过对活动的初步定义，将"计划"划分为甘特图的启动阶段，将"任务1""任务2""监控"划分为执行阶段，最后将"验收与评估"划分为验收阶段，并标注它们的相应状态
分析需求	收集与产品或服务相关的信息，了解客户、利益相关者和市场的需求。可以通过市场研究、客户反馈、调查问卷和数据分析等方式收集需求		

❶ 张玲宁，胡馨升. 甘特图：项目流程管控的技术革命 [J]. 中国工业和信息化，2021（9）：82-87.

项目管理步骤	内容	甘特图步骤	甘特图功能
优先级排序	为任务分配优先级，根据需求的重要性、紧迫性、实现难度和价值等因素，对需求进行优先级排序	实施	有的任务需要在其他任务之前完成。任务之间是有依赖关系的，所以在绘制甘特图之前，给任务分别按照它们的先后顺序分配时间并标注依赖关系
制订项目	为每个任务分配具体的时间和资源，制订详细的计划。使用日程表、待办事项列表或项目管理工具来跟踪进度		具体绘制甘特图时，横轴表示时间，纵轴表示目标和任务。预估每个目标的起止时间，年度计划可进行微调
分配资源	为项目分配合适的人力、物力和财力资源。确保资源充足，并进行合理分配。再根据团队成员的技能和能力，合理分配任务。确保每个人都清楚自己的职责和目标		甘特图总体便于管理者了解项目计划、项目当前进展、项目工作拆分、项目分工等，并通过先前制订好的计划，将五个活动的开始日期都制定好，最后依据相关人员将活动分配下去
监控和控制	在项目执行过程中，密切关注需求的变化和项目进展。定期评估项目的进度、成本和质量，以便及时调整计划和资源	监控	在发现与计划不符合的地方时，及时制订新的计划。如在实际执行"任务1"时，比原计划的时间多了，于是重新制订计划，为重新制订的计划安排相关人员，在"任务2"中及时将计划推迟两天
沟通和协作	保证项目团队之间的有效沟通和协作。确保信息的及时传递和共享。鼓励团队成员提出建议和意见，共同解决问题		在项目执行阶段，"监控"活动贯穿"任务1""任务2"，在这个项目中安排相关人员定期召开项目会议，分享进展、问题和解决方案
验收和评估	在项目完成后，进行需求的验收和评估		最后的"验收与评估"根据项目实施阶段的计划及实际情况绘制甘特图

（二）任务看板

1.什么是看板

看板是一个易于使用的工具，用于可视化和管理工作流程。它的特点是有一列代表工作流程的各个阶段。看板卡被用来跟踪各个任务和活动在各阶段的进展情况。

看板有实体看板和数字看板两种主要类型。实体看板最适合办公室内、同地办公的团队。数字看板适合远程和混合团队，特别是那些从事复杂项目的团队（图2-5）。

图2-5 某项目实施任务看板

2.为什么使用看板

团队选择使用看板进行项目和任务管理有很多原因。例如，交付和支持团队发现。看板是一种将现有工作流程可视化的简单方法。下面深入了解一下为什么应该在项目中使用看板。

（1）易于使用：可以在几分钟内解释和设置看板。

（2）灵活性：看板适用于大多数流程。

（3）明确性：看板既能提供流程的全局视图，也能提供更细化的细节（各个卡片所承载的信息）。

（4）协作性：看板能成为项目的焦点，团队成员聚集在一起讨论正在进行的工作。

（5）效率：效率是看板最初在制造业发展时的目标。这种可视化的方法，辅以一系列原则和实践，可以帮助组织简化运作。

（6）文化：看板的原则之一是"鼓励组织中所有级别的领导行为"。看板的简单性意味着每个人都能理解项目的状况。信息不会被隐藏在文件或复杂的图表中。

易用性是看板获得青睐的一个重要原因。看板使用的障碍很小，设置起来很方便，而且不需要培训或认证就能使用。

3.任务看板的优势

（1）触觉互动：实体看板提供了一种亲身体验。用手移动卡片会产生一种进步感。

（2）可见性：在公共区域的实体板为办公室里的每个人提供了高度的可见性，很难忽视或忘记。

（3）非正式的交流：实物板鼓励非正式的交流和自发的讨论。团队成员可以在移动看板时讨论一项任务，促进合作和问题的解决。

表2-3是某软件发行项目的任务看板，看板流程是项目团队在看板管理上进行工作的流转方式。管理看板流程是看板管理正式运转的标志，项目经理和研发人员依靠看板来传递、反馈任务信息。但是在工作项流动初期，对看板规则的不明确，难免会出现不按要求执行的情况发生，所以项目经理需要起到监督的责任，要积极引导研发人员严格执行看板规则[❶]。与甘特图一样，任务看板也是遵循项目管理的步骤来绘制的。

表2-3 任务看板与项目管理对应表

项目管理步骤	任务看板功能
识别 / 分析需求	首先，可以使用问卷调查的方式收集团队成员对于前期计划工作的看法和经验。其次，可以进行面谈或小组讨论，以深入了解团队成员对于前期计划工作的理解和实践。最后，可以通过分析项目团队的工作记录和任务分配情况，来获得有关前期计划工作的数据
①②③ 优先级排序	通过不同的活动在项目计划中按照从左至右的顺序进行优先级排序，还可以通过颜色来区分活动的优先级进行排序。由于"待立项"属于贯穿整个项目的任务看板所以放在第一位，但是用灰色来说明它没有后面几项看板紧急 待立项 1　　待开始 2　　进行中 3　　已完成 1
制订计划	上图是该软件发行项目的任务看板，从"已完成"的"上线Demo版"开始，该项目进行了两次迭代：第一次"进行中"，根据前面已经上线的Demo版完成新的市场调研，并制订新的计划，上线协作核心功能，并进行该阶段的产品验收；第二次"待开始"，项目管理者再一次给该软件推出付费功能，并准备搭建用户服务功能，对应任务看板的活动则是"付费升级上线""搭建客户服务体系" **待立项 1** ■某软件项目 月　份　3月 预期完… 2022/03/09 负责人　张天 状　态　待立项 ⊕创建记录 **待开始 2** $付费升级上线 月　份　3月 预期完… 2022/03/09 负责人　王烨 状　态　付开始 👤搭建客户服务体系 月　份　3月 预期完… 2022/03/09 负责人　张怀 状　态　待开始 ⊕创建记录 **进行中 3** ✓完成市场计划 月　份　2月 预期完… 2022/02/10 负责人　工婷 状　态　进行中 📍上线协作核心功能 月　份　1月 预期完… 2022/01/21 负责人　张楚岚 状　态　进行中 📄产品验收 月　份　2月 预期完… 2022/02/23 负责人　张灵 状　态　进行中 ⊕创建记录 **已完成 1** 📄上线Demo版 月　份　1月 预期完… 2022/01/06 负责人　于婕 状　态　已完成 ⊕创建记录

---

❶ 张佳楠. 看板管理在软件项目中的应用初探［D］. 北京：中国科学院大学，2019：17-18.

项目管理步骤	任务看板功能
分配资源	如上图所示，将不同的任务分配给不同的负责人。并且每一个负责人能单独看到自己负责的那块看板，如下图就是该项目中"王烨"负责的活动，并且任务看板会根据项目的重要程度从左到右排序 ▦ 项目看板　▦ 项目列表　▦ 只看王烨负责的项目 项目看板 **待开始 1** $ 付费升级上线 预期完... 2022/03/09 ⊕ 创建记录 **进行中 1** ✓ 完成市场计划 预期完... 2022/02/10 ⊕ 创建记录 **待立项 0** ⊕ 创建记录 **已完成 1** ▣ 上线 Demo 版 预期完... 2022/01/06 ⊕ 创建记录
监控和控制 **验收和评估**	在"进行中"这一栏任务看板的第三个"产品验收"中就是对产品发行的第一阶段进行监控与评估。通过对上一阶段的用户反馈，将原来的计划进行修改、更新，然后提出了第二阶段的活动 ▧ 产品验收 月　份　2月 预期完... 2022/02/23 负责人　张灵 状　态　进行中
沟通和协作	任务看板的优势在于每个人都能看到整个项目的活动，并且每个活动看板都标注了负责人。每个人不仅能够单独看到属于自己的任务看板，还能了解整体的任务情况与状态

　　数字看板是一种在线工具，它模仿了实体看板的功能。数字看板允许团队成员在在线看板中虚拟创建和移动各栏卡片。其优点如下。

　　（1）可访问性：数字看板可以随时随地访问。这对于在多个地点工作的远程团队和协作者最为有利。

　　（2）可扩展性：数字看板可以轻松处理大量的任务和团队成员。它们很适用于许多移动部件的复杂项目。

　　（3）集成和自动化：数字板很容易与其他现代工作应用程序和工具整合，如日历、电子邮件和项目管理软件。许多数字板还提供自动化功能，如根据触发器移动任务，或在任务状态改变，或到期时发送通知。

　　（4）历史跟踪和报告：数字看板可以跟踪任务随时间的变化而变化，提供有助于审计或学习目的的历史记录。它们还可以生成报告，洞察团队绩效和生产力。

　　团队可以将大项目分解，并分配给成员，团队成员可以通过将他们的卡片从一列移动到另一列来更新看板以完成任务。任务完成后，新的卡片会被拉到活动栏中，新的任务就开始了。

4.甘特图与任务看板的区别

甘特图是一种图表形式，用于可视化项目任务的工期和进度。它通过横轴表示时间，纵轴表示任务，以条形图的方式展示任务的开始和结束时间。任务看板是一种列式形式，将任务以卡片形式展示，并按照任务的状态和优先级进行排序。

甘特图的优点在于能够清晰地展示任务的起止时间，帮助项目团队了解任务的进度和时间安排。它可以用于项目计划的制订和调整，帮助项目经理进行任务分配和进度控制。然而，甘特图的缺点是无法准确地展示任务之间的依赖关系和资源分配情况。

任务看板的优点在于能够直观地展示任务的状态和优先级，帮助项目团队了解任务的执行情况和需求。它可以用于任务的分配和跟踪，促进团队成员之间的协作和沟通。然而，任务看板的缺点是无法直观地展示任务的时间安排和任务之间的关系。

甘特图适用于需要清晰展示任务的时间安排和进度的项目，而任务看板适用于注重任务状态和优先级管理的项目。因此，对于需要强调任务时间安排和进度的项目，可以将甘特图作为主要的项目管理工具。对于需要强调任务状态和优先级管理的项目，可以将任务看板作为主要的项目管理工具。在实际应用中，可以根据项目的具体要求和团队成员的特点灵活选择项目管理工具。

结语

项目管理流程通常包括团队协作和沟通的要素，了解这些流程可以帮助设计师更好地与其他团队成员（如项目经理、开发人员、营销人员等）协同合作。这有助于确保项目各个方面得到适当关注，提高项目成功的机率。设计师了解项目管理流程可以帮助他们更好地应对市场竞争压力，提高工作效率，同时降低项目风险和成本，能够更好地适应变化、快速交付高质量的设计方案，并在竞争激烈的市场中取得更大的成功。

本章还介绍了甘特图与任务看板两种项目管理工具，项目管理工具可以帮助设计师更有效地组织和管理他们的工作。通过使用工具，设计师能够更好地规划项目、分配任务、追踪进度，从而提高工作效率。项目管理工具提供了可视化的项目概览和进度报告，设计师能够据此更清晰地了解项目的整体状况。有助于防止遗漏任务、管理项目风险，并及时调整计划。工具允许设计师将项目任务分配给团队成员，并跟踪任务的执行进度，这有助于确保每个任务都得到适当的关注，避免遗漏和延误。通过使用项目管理工具，设计师可以更好地应对复杂的项目要求，提高项目交付的质量和效率，增强与团队和客户的合作，从而在设计项目中取得更好的成果。

第三章

市场与用户调研开展

本章将从中观的角度详细阐述市场、用户与产品，市场调研是设计产品过程中极为重要的一个部分，市场调研能够帮助设计师更加全面详细地了解消费者，确定市场定位。本章将介绍市场调研的相关知识，通过调研整理用户画像让设计师对消费者的感知具象化、可视化。在设计产品时，站在消费者的角度思考，并结合自己的市场调研和自身优势，确定市场定位，这是产品设计成功，并进一步采取合理运营方式维护产品在市场中的地位的根本保证。

知识目标

理解用户、市场、产品的概念、分类及关系。

了解用户行为的概念、模型及意义。

了解如何对市场进行细分与定位。

理解为什么要进行用户调研，如何通过用户调研获得数据对用户进行画像。

理解用户画像的不同类别，从哪些方面进行用户画像。

能力目标

能够对研究者从文化、心理方面进行市场调研，收取数据。培养学生的交往与沟通能力，通过观察、感受、提问、交流完成用户市场调研。

培养学生的抽象归纳能力，能够将数据归纳并可视化为用户画像。

培养学生的思辨能力，能够理解各个案例。

思政目标

培养学生正确的道德观，使其能理解并尊重不同人群的价值体系和行为习惯。

培养学生的整体和全面的思维模式，能够对用户、产品、市场进行整体的了解，能整合数据对用户画像进行分析。

培养学生探索精神，能够从多维层面和角度去探索人的行为及其社会意义。

培养学生的自主性，通过提出产品改进方法让他们形成有主见、有魄力、有坚定意志的品质。

学生应该具有创新能力，激发学生的创造性和创新意识，能够对产品功能或设计进行改善创新。

本章重点

学会从多个维度分析消费者的行为。

学习进行市场细分的方法，制作有针对性的目标用户画像。

本章难点

根据自身产品找到合适的用户分类模式，分析用户接受行为，分析日活率等数据，通过学习如何分析新媒体消费者的行为从而改进自己的产品。

根据市场细分知识，更好地选择符合自己产品的用户细分市场，通过用户画像进行产品改进。

第一节 用户、产品与市场

市场是由消费者组成的。宏观市场是一种社会的经济活动过程，即从社会总体的交换层面来研究市场问题，微观市场则是指一种组织或机构的经济活动过程，即从个体（个人和组织）交换层面研究市场问题。宏观市场的主体是社会（即政府和消费者组织），而微观市场的主体是企业（社会机构、组织）或个人。事实上，各种政策、法律和社会道德都会从宏观角度对市场产生影响，本章结合产品需求调研和产品设计，以用户为切入点，深入讨论用户行为与市场的关系，角度是中观的。

一、用户的分类

随着人们对产品的个性化要求越来越高，在设计中有必要先对用户进行分类和归类，针对不同的用户群体设计不同的产品。用户分类是将用户按照一定的标准进行划分，以更好地满足不同用户的需求及行为特征，从而提升产品的用户体验和忠诚度。

对于传统产品而言，用户分类通常基于以下三个方面。

（1）用户需求：根据用户对产品的需求和期望进行分类。例如，价格敏感型、品质追求型、便利性需求型等。

（2）用户行为：根据用户的购买历史、使用习惯和消费行为等信息进行分类。例如，忠诚型用户、偏好型用户、尝鲜型用户等。

（3）用户特征：根据用户的年龄、性别、职业、收入、受教育程度等特征进行分类。例如，年轻人群体、家庭主妇群体、高收入阶层等。

传统产品的用户分类也有其重要的意义和应用价值。通过合理的用户分类，企业可以更好地理解目标市场的需求和特点，制定更加精准的产品或服务策略，提高市场占有率、用户满意度和忠诚度。同时，用户分类也可以帮助企业更好地进行市场细分和定位，避免盲目开发和推广，降低市场风险和成本。首先了解传统产品的用户分类有助于学习者建立对用户分类的基础认知和理解，传统产品在某种程度上为新媒体产品的发展提供了历史渊源和演进的背景。通过了解传统产品的用户分类，可以更好地为理解新媒体产品的用户分类打下基础。同时，为新媒体产品的用户分类提供启示和指导。

二、用户与产品、市场的关系

用户是产品的使用方，如果用户在使用过程中对消费品产生了认可，就会购买甚至持续购买，这种经济行为定义用户为消费者。理解作为消费者的用户对企业的产品经理、设计团队来说至关重要。用户并非只是个体的自然人，也可以是某种需求的集合，包含兴趣、态度、爱好、价值观、行为和习惯，这些需求最终推动了用户在市场上产生了消费行为。研究用户行为背后的消费动机和消费原理，打造出好的产品是市场研究的目的。

在产品设计行业中，不同的产品用来满足不同场景下的需求，如果某个产品完全满足了某个用户在某个场景下的某类需求时，就可以说此用户是该产品的一个用户。

产品、市场与用户应该是环环相扣、缺一不可的。用户将信息传递到市场，产品在市场中获得用户需求信息而对产品进行设计并调整，同时通过市场推销自己的产品（图3-1）。

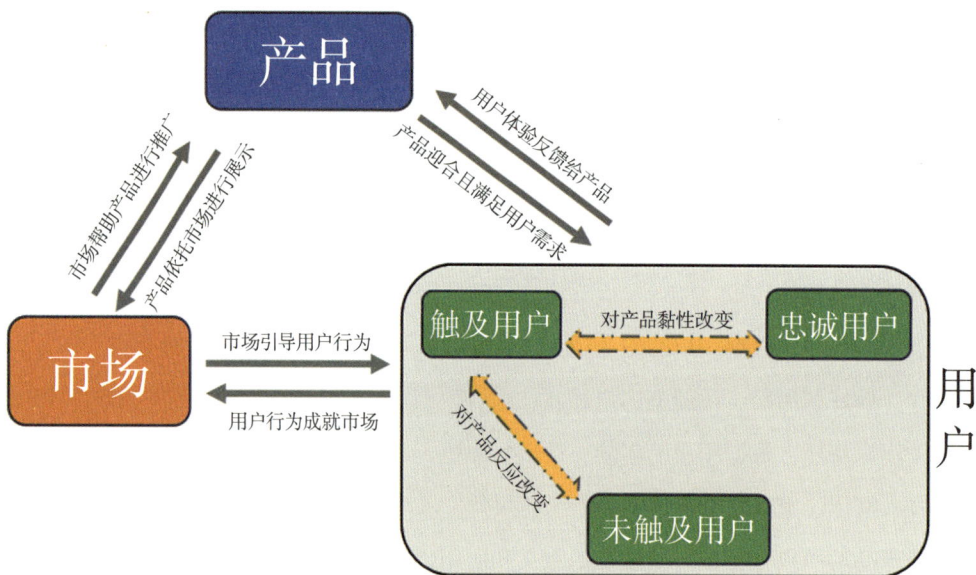

图3-1　用户、产品与市场关系图

（一）用户与产品

产品是具体依靠一定的媒介所形成且可以被用户使用的"物"，在互联网中，还往往表现出它并不是实体的物，具有一定的符号性，但由于它指向某物，所以仍可以被使用，如人们使用表情包来表达一定的情感。人在使用某物时，即成了产品的用户。产品与用户的关系是需求关系，"客户就是上帝"和"一切为了用户"的宣传标语比比皆是，说明产品的开发与生产都是为了满足用户需求和行为，需要根据用户的需求来确定，如果产品不能满足用户的需求和期望，很难获得用户认可和市场份额。

此外，用户使用产品后的反馈和体验又会对产品产生影响，用户使用产品后会产生对产品的体验、印象和反馈。这些内容对产品的品牌形象和未来的改进具有重要的影响作用。产品需要不断改进和升级，以满足用户的需求和期望，同时用户的反馈和体验又会对产品的发展产生影响。不断改进和提高自己来满足广大用户需求是产品发展的根本。

（二）用户与市场

市场和用户之间有一种信息传递的作用。市场包含用户，用户成就市场。市场会根据用户的需求和行为进行产品或服务的开放调整，不能满足用户需求的产品就没有市场，满足用户需求的产品就能扩张市场。市场中的竞争和产品推广对于用户的消费行为会产生影响。例如，不同的软件功能、视觉设计、价值刺激都会引导用户做出不同的选择和决策。用户在构成市场的同时也成就了市场。

（三）产品与市场

在整个环节中，产品的价值需要依托市场来向用户及其周边人群传递，用户的使用、感受依托市场来表达并形成口碑，传递给更多人，而市场正好是具有产品价值传递与展示的地方。让用户口耳相传去推广产品的速度是非常慢的，因此，互联网产品公司均由市场运营部门来推广产品，通过新媒体渠道对产品运营宣传让用户感知到这个产品，进而产生需求去接触使用这个产品，甚至给他再次使用产品的动机，这是目前互联网产品较常见的运营方式❶。

三、用户需求、产品需求与市场需求

用户、产品与市场三者相辅相成，任何商业行为的发生都离不开这三个因素的相互作用，只有了解三者之间的关系才能获得相应的商业价值，才能持续发展。产品设计方需要明确这三者的关系才能够更加准确地针对用户的需求设计产品，并根据市场的导向从侧面感知用户的使用感受，最终同样受益于产品本身。用户需求、市场需求与产品需求之间的关系可以建立一个"V"字形模型进行说明（图3-2）。

---

❶ 郭宗达. N公司互联网产品运营策略分析［D］. 上海：上海交通大学，2020：1.

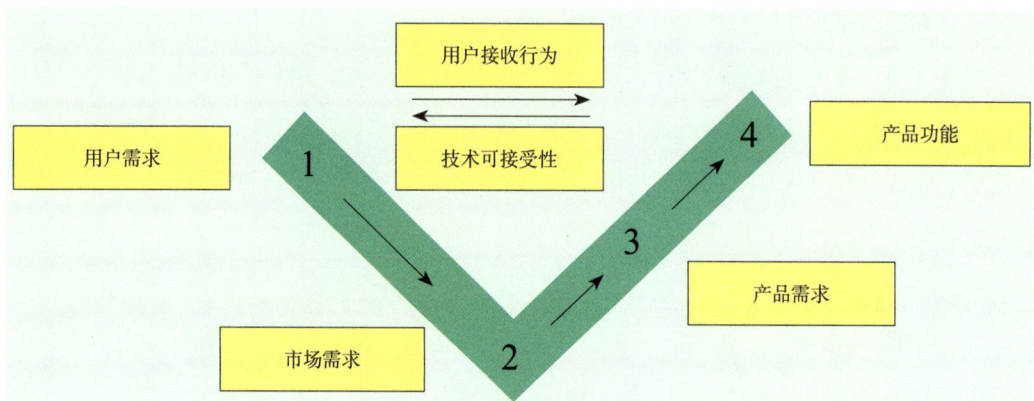

图3-2　用户需求、市场需求与产品需求关系图[1]

（一）用户需求[2]

用户需求是最直观的需求。用户需求指用户所期望或需要得到的服务、产品或功能特性，组织目标和愿望。用户需求需要关注多个同类企业之间的品牌、服务、平台等的口碑反馈。

即使是抽象的想法也可以转化成具体的实物来满足用户的需求，如一幢房子、一束花、一个有品牌的包都是实际的物品，也是具体的产品。房子可以满足我们基本的安全需求、生理上需要的基本休息的场所，高档的房子能让别人感知到个体的经济实力、结交的社会层级；一束花可以代表爱情，是归属感和被尊重的需求；有品牌的包可以展现出自己所获得的职业感受，是个体奋斗和努力的结果。

设计师对用户是根据其需求给予多方面、多层次的满足。设计师进行用户接受行为调研的目的，就是了解当前的用户有哪些方面的产品需求，目标用户更加看重产品的哪些方面。在分析此类问题时，可参考马斯洛需要层次理论[3]模型，分类可进行更进一步、更具有针对性的研究（图3-3）。[4]

---

[1] 图片根据"Y"需求理论分析修改。

[2] 需求在此处是从用户需要某个产品产生购买欲望的角度进行分析，而在马斯洛需要层次模型则是建立了从心理考虑人作为主体的社会发展的模型，分析说明这种购买欲望的来源，是设计师对更深层次的产品设计创新、能够从表面的用户行为对内在的用户行为进行分析所做的需求分析模型。而在第五章的需求是指基于软件设计的需求，是产品定位和确定市场后，具体需要从设计上完成功能和效用来实现直接和内在需求的具像化产品设计的需求分析。由于在习惯表述中都采用"需求"一词，故在此进行说明，需要学生在学习过程中明白所指的语境和词语含义的变化。

[3] 马斯洛的需要层次理论是心理学中的激励理论，包括人类求的五级模型，通常被描绘成金字塔内的等级。

[4] Abraham H. Maslow. A Theory of Human Motivation［J］. Psychological Review，1943：370-396.

（二）市场需求

市场需求是根据众多的用户需求抽象出来的需求。市场需求不但要描述目标客户的诉求，更需要描述竞争对手针对此需求的反应，它往往和产品直接的功能及用户的使用场景相关。

市场需求还会关心：竞争对手是如何实现的？如果我们不实现该需求，被竞争对手替代的可能性有多大？如果实现，我们将如何做才能超越竞争对手？所以，可以理解市场需求是经过产品经理分析后的客户需求，体现了客户和市场竞争的情

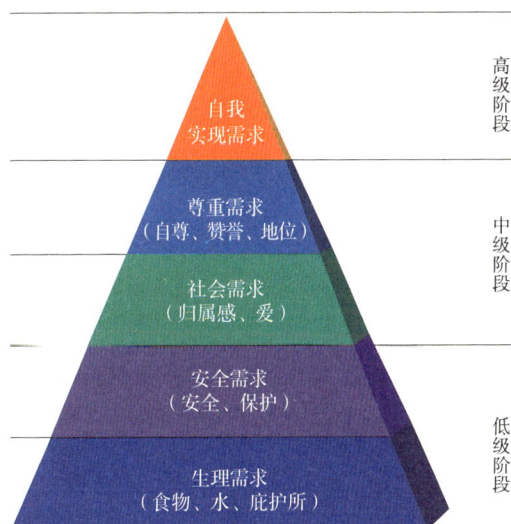

图3-3　马斯洛需要层次理论模型

况。竞争激烈的市场往往意味着市场需求量大，但市场份额占有率却不容易高。关于市场需求的竞争部分会在第四章详细讲述。

（三）产品需求

产品需求需要把产品相关的方方面面考虑清楚，需要更多地从客户购买决定的全过程来思考，一般会涉及价格、平台、外观设计、性能、易用性、保证、服务、社会接受程度、品牌等。另外，产品需求还会包括判断该产品的价值、竞争地位等，最终判断该产品是否值得继续做下去。产品需求有可能在市场需求催动下产生新的使用动机。产品需求是对用户需求的解决方案。设计师应该交付给客户的不是孤立的产品，而是一个解决方案，并通过产品功能实现这个解决方案。

产品的使用功能是产品需求的具体化。

案例

"如果我问最初消费者，他们想要什么，他们会告诉我，他们只会想要有匹跑得更快的马。"此话出自亨利·福特（Henry Ford），100多年前，福特公司的创始人亨利·福特到处跑去问客户："您需要一个什么样的更好的交通工具？"几乎所有人的答案都是："我要一匹更快的马。"很多人听到这个答案，立刻跑到马场去选马配种，以满足客户的需求。但是福特却没有这么做，而是接着往下问，

最后得知用户所需要的不是马，而是能够满足他们出行的工具。

福特："你为什么需要一匹更快的马？"

客户："因为可以跑得更快！"

福特："你为什么需要跑得更快？"

客户："因为这样我就可以更早地到达目的地。"

福特："所以，你要一匹更快的马的真正用意是？"

客户："用更短的时间、更快地到达目的地！"

于是，福特并没有去马场，而是选择了制造汽车去满足客户的需求（图3-4）。

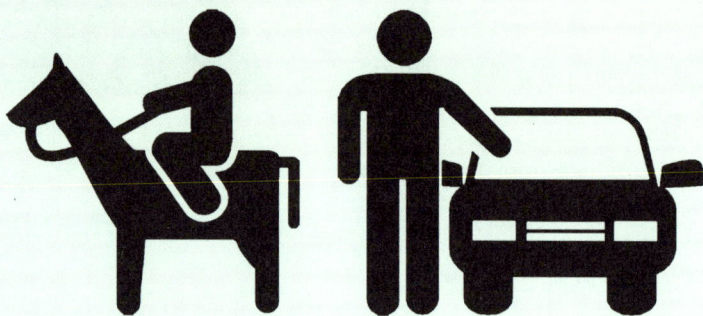

用户只能说出需要一匹马　　　　实际上是更快、更短的时间到达目的地

图3-4　用户需求和市场需求区分图

客户需求有显性需求和隐性需求两大类。我们通过市场调查得知的往往是"我要一匹更快的马"，这类客户的显性需求并不是真正的需求。企业需要根据所收集的显性需求信息进行深度挖掘和捕获，以了解客户的隐性需求，进而分析出客户的真正需求是什么。这就是一个需求分析的过程。

在这个案例中，我们可以对用户需求、产品需求及市场需求进行划分（表3-1）。

表3-1　不同需求划分表

需求类型	需求的深度
用户需求	用更短更快的时间到达目的地
产品需求	汽车
市场需求	更快更好的交通工具

做销售的人更多关注的是客户显性需求，更懂得怎样迅速迎合客户，让客户立马下单。就像听到客户"我要一匹更快的马"这样的信息，就迅速跑到马场选马配种那样，为客户选配一匹更快的马。而真正做产品、懂产品的人才会像福特那样，懂得客户真正需要的是"更好、更快的交通工具"。

第二节　市场细分及定位

用户和用户市场之间是相互依存的关系，用户对产品或服务的需求和体验是构建用户市场的重要因素，而用户市场的规模和特征也影响产品或服务的开发和营销策略。用户市场规模是市场分析和预测中的核心指标之一，指的是在特定区域或特定市场中的消费者群体数量。在市场分析中，用户市场规模是衡量市场潜在需求的一个关键指标，用户市场规模能够明确市场容量，让企业了解市场大小及潜在需求，帮助企业设计符合市场的产品，同时用户市场规模能够帮助企业了解市场的竞争态势，提高企业控制风险的能力。

一般来说，同一市场的用户特征是一致的。用户市场特征是指针对某一特定市场而言，消费者具有某种一致的情况、需求、偏好等方面的特点。因此，分析用户市场、了解用户行为和需求是企业制定市场营销计划和产品策略的重要前提，企业应充分了解和关注用户需求和市场特征，不断提高产品或服务质量和用户体验，从而更好地满足和拓展用户市场。分析用户市场主要涉及以下三点：①用户购买行为的影响因素；②用户购买行为的关键心理过程；③消费者购买的决策过程。

下文将详细讲解如何做好用户行为分析。

一、有效市场细分

（一）市场的定义

市场在一般意义上来讲是商品交换的场所，是某种商品需求的总和，是买主与卖主之间有所交集的场地。相比早期的产品市场，现有产品形态已从传统实物延伸到数字化虚拟产品及服务上来，营销形式也从原有形式扩充到网络营销。当下的市场与消费者的价值观、购买行为及购买动机都有所联系。换言之，消费者的价值观、购买行为与动机决定了他们对产品的看法和评价。

（二）市场细分

1.市场细分概念

市场细分（Market Segmentation）是20世纪50年代中期由美国市场学家温德尔·史

密斯❶在总结企业市场营销实践经验的基础上提出的，他主张市场由一些同质的子市场组成，这些子市场的需求基本达到一致。吴进将狄比市场概念分析❷的市场细分延伸为对消费者的细分，分为：①同质性（Homogeneity 或 Common Needs ）。市场细分是对不同特征的消费者进行聚类，使每一类消费者都具有相似的市场需求和消费特征。②差异性（Distinction ）。如科特勒将市场细分定义为"具有不同需要、特征或行为，根据地理、人口、心理和行为因素对消费者进行各种分组并提供不同的服务"❸。市场上的顾客划分成若干个顾客群，每一个顾客群构成一个子市场，不同子市场之间的需求存在着明显的差别。③反馈性（Reaction ）。每个市场细分都有自己的特定需求、特征和行为模式，在市场中对同一市场营销反馈是一样的（图3-5）。

市场细分往往具有一定的人口学属性，如性别、年龄、职业、收入等。市场细分是选择目标市场的基础工作。在企业的活动中，市场营销包括细分一个市场，并把它作为公司的目标市场，设计正确的产品、服务、价格、促销和分销系统"组合"，从而满足细分市场内顾客的需要和欲望。并更好地满足其需求，从而提高其市场竞争力。

图3-5 市场细分概念示意图

2.有效市场细分意义

（1）有利于选择合适的目标市场，制定明确的市场营销策略。市场细分后的子市场比较具体，且容易了解消费者的需求，企业可以根据自身经营思想、方针及生产技术和营销力量，确定自己的服务对象，即目标市场。针对较小的目标市场，便于制定特殊的营销策略。同时，在细分市场上，信息容易了解和反馈，一旦消费者的需求发生变化，企业可迅速改变营销策略，制定相应的对策，以适应市场需求的变化，提高企业的应变能力和竞争力。

（2）有利于帮助企业抓住潜在的市场机会，开拓新市场。通过市场细分，企业可以对每一个细分市场的购买潜力、满足程度、竞争情况等进行分析对比，发现哪类消费需求已满足、哪类消费需求未满足，从而探索出有利于本企业的市场机会，使企业及时做出投

❶ Smith，Wendell. R. Product differentiation and market segmentation as alternative product strategies［J］. Journal of Marketing，1956，11（7）：3-8.

❷ 吴进. 国内外市场细分研究综述［J］. 中国市场，2012（44）：9-13.

❸ 菲利普·科特勒. 市场营销导论［M］. 俞利军，译. 北京：华夏出版社，2001：69.

全链式媒体产品设计与管理

资、投产等销售决策，或根据本企业的生产技术条件，编制新产品开拓计划，进行必要的产品技术储备，掌握产品更新换代的主动权，开拓新市场，以更好地适应市场的需要。

（3）有利于帮助企业集中人力、物力投入目标市场。任何一个企业的资源，人力、物力、资金都有限，不同群体需要区别对待。建立在市场细分上的营销能够避免在整体市场上分散力量、浪费资源。通过细分市场，企业找到了适合自身的目标市场，便可以集中人、财、物及资源投入目标市场，有的放矢，展开有针对性的工作，获得市场优势。

（4）有利于生产适销对路的产品，提升企业经济效益。前面三个方面的作用都能使企业提高经济效益。此外，企业通过市场细分，可以面对自己的目标市场，生产出适销对路的产品，既能满足市场需要，又可增加企业收入。产品适销对路可以加速商品流转，加大生产批量，降低企业的生产销售成本，提高生产工人的劳动熟练程度，提高产品质量，全面提升企业的经济效益。

案例

图3-6中展示了男性和女性的购买行为是有所区别的。根据这些数据，我们将用户市场进行细分。

正如在上文中讲到的：影响消费者行为的因素，消费者的购买行为被文化、

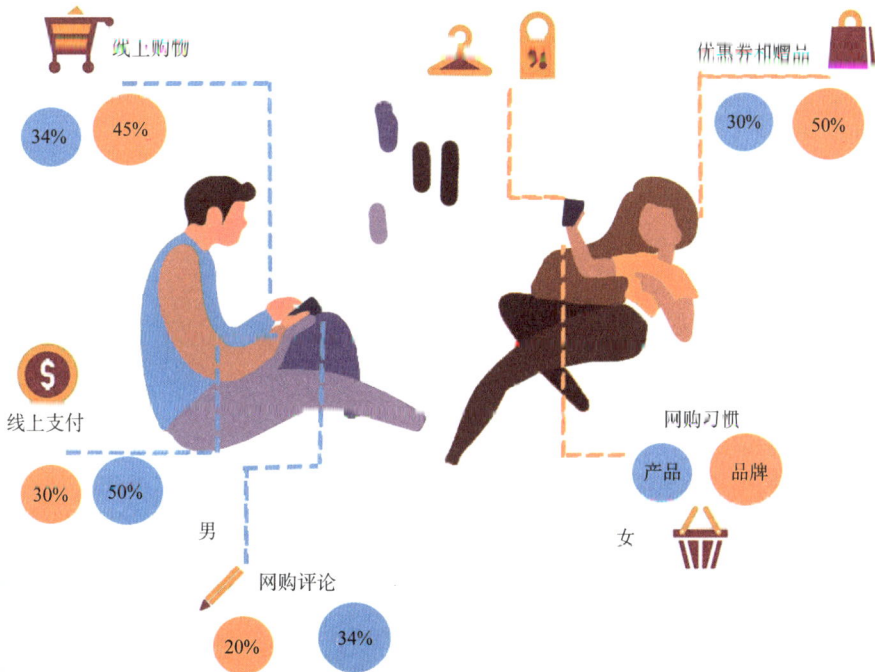

图3-6 男女消费情况对比图

社会、个人、心理因素所影响。①从文化因素看，不同性别的社会认可、身处的亚文化群通常会有着截然不同的消费行为和消费心理。②从社会因素看，两者可能是因为在社会中扮演的角色不同而有区别。③从心理因素看，女性群体可能会更细心，更在意细节上是否达到最优，她们会积极使用商品的优惠券，并且在挑选商品时更加仔细，往往会使用线上购物，方便针对各类商品进行对比。而男性在购物时选择移动支付和信用卡支付对他们来说更加方便简洁。从图3-5可以看出，当采取消费券或推行线上购物时，女性市场相较于男性市场可能会更容易产生消费行为；而当推行移动支付时，可能会在男性市场中更受欢迎。

根据以上例子能够帮助设计者学会通过分析消费者的行为，从而得知消费者的内在需求，据此能够在一定程度上更好地选择符合自己产品的用户市场。因此，影响消费者行为的因素决定了市场细分的结果。

3.市场细分的类型

市场细分可以根据不同的标准进行分类，如地理位置、年龄、性别、受教育程度、收入、个人或家庭特征、购买习惯、文化习惯等。不同的市场细分变量会产生不同的市场细分结果，因此，选择合适的市场细分变量对于市场定位至关重要。市场细分类型一般为人群细分、地域细分、心理细分、行为细分（表3-2）。

表3-2　市场细分类型

类型	定义	举例
人口统计细分	基于人口统计学特征的划分方式，能够通过描绘人口现象的相关特征及其关系、人口再生产过程及其模式以及人口发展趋势的数据类型，它包括人口的性别结构、年龄结构、行业与职业结构、文化结构和民族结构等所显示的人口现象特征	如年龄、国籍、性别、收入、地域、受教育水平等。可以把人群分为老年人、中年人、青年人，抑或是蓝领、白领等。 我们可以问：你来自哪个国家？你的最高学历是什么？你出生于哪一年
地域细分	根据消费者所处的地理区域进行市场划分。潜在客户将根据他们所处的地理位置而有不同的需求	如国家、地区、城市，海边、山区等，类似在海边城市就会需要更多的防潮用品。 我们可以问：你居住的城市是沿海吗？你居住的地方特点是什么
心理细分	往往基于消费者的生活方式、价值观、个性特征、兴趣爱好来划分。了解消费者的内心世界和动机，更好地设计符合他们偏好的产品	如研究动机、兴趣、价值观念，生活方式驱动的人群划分。了解他们会被什么影响，马斯洛需求分析、VALS❶模型都属于此类。 我们可以问：你有什么特别的兴趣爱好（乐器、绘画等）？休息时间你更喜欢独处还是和朋友一起

❶ VALS系统全称价值观和生活方式系统，是由美国斯坦福国际研究院创立的一种观察理解人们生存状态的方式，通过人的态度、需求、欲望、信仰和人口统计学特征来观察并综合描述人们。

类型	定义	举例
行为细分	根据消费者的购买行为和使用行为进行市场划分。行为细分是一种营销技术，它根据客户的行为模式将客户群分成几组。这种方法用于识别和定位具有特定需求、偏好和购买习惯的客户。行为细分广泛应用于包括金融在内的各个行业，以了解客户行为并创建有针对性的营销活动	如购买频率、忠诚度、产品使用场景等，购物者行为包括用户对产品的认知、态度、反馈，在产品中获利的情况。 　我们可以问：你喜欢这个颜色吗？你能接受这个价格吗？你希望这个产品能够减少多少卡路里

　　图3-7为市场细分的分类示意图，其中蓝色部分的用户特征比较容易被界定，红色部分往往是兴趣爱好类的，兴趣爱好会直接影响他们的行为和选择，具有特殊的社会活动如度假，或具有特殊的价值倾向如喜欢动物等，通常会在日常生活中也会选择与之相关的活动、产品或服务，这类特征可以帮助企业更准确地定位目标市场和目标消费者群体。通过分析人们的兴趣爱好，企业可以设计更个性化、针对性的营销策略，提高市场推广的效果和用户的满意度。

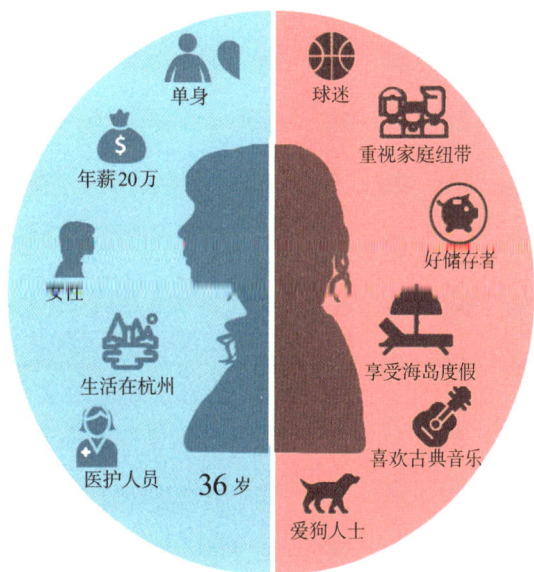

图3-7　人口统计细分与心理细分示意图

　　市场用户细分还可以根据不同的标准划分为多种类型。

　　（1）根据用户角色的不同，用户可以被分为多边用户。例如，图3-6中的爱狗人士对于宠物店来说可能属于买家。

　　（2）根据用户对产品领域的熟悉程度，用户可以被分为单边用户，例如，图3-6中的医护人员这一属性，对于医疗产品，用户属性是老用户。

　　（3）根据人口统计信息，用户可以被分为按年龄、性别、职业、受教育程度、所在地、收入、消费水平的用户。根据图3-6，36岁属于年龄、女性属于性别、医护人员是职业、生活在杭州为所在地、年薪20万为收入，同时可以预估该用户的消费水平。

　　（4）根据产品的业务场景，图3-6中的单身、享受海岛度假、球迷，都属于业务场景。

　　进行有效的市场细分后就能更大程度对不同市场群体划分，进行有针对性的设计，只有进行了正确的市场定位，才能"对症下药"，将产品销售给，抑或是推广给合适的人群。

二、市场定位

（一）市场定位的概念

市场定位是产品制造者影响消费者相对于竞争对手对品牌或产品的看法的能力。市场定位的目标是建立品牌或产品的形象或身份，以便消费者以某种方式感知它，即在市场中确定一个产品或服务所在的位置，并向目标消费者进行描述，以帮助企业把握市场，并确保其在市场竞争中保持优势地位。市场中即使经营同类产品，企业为了把握自己的优势，也会拉开产品差异。

（二）市场定位的类型

一般市场定位类型有五种。

（1）产品属性和优点。将品牌或产品与某些特征或某些有益价值相关联。例如，智能手表在设计上时尚大方，适合多场合佩戴，具有较高的用户体验和功能性。

（2）产品价格。将品牌或产品与有竞争力的价格相关联。例如，普通的手表往往只需要百元，但奢侈品价格会到千元甚至万元。

（3）产品质量。将品牌或产品与高品质联系起来，产品质量关乎用户体验和品牌信誉。例如，某品牌的手表采用了高品质的材料和先进的制造工艺，经过严格的质量控制，具有较高的质量保证。

（4）产品用途和应用。将品牌或产品与特定用途相关联。例如，智能手表可以监测心率、睡眠质量、步数等健康数据，同时支持接收手机通知、控制音乐播放等功能，满足用户日常生活和运动健身的需求。

（5）竞争对手。让消费者认为品牌或产品比竞争对手更好。例如，智能手表市场竞争激烈，有许多国内、国外知名品牌参与其中。但华为智能手表在中国就能够通过一定的品牌优势获得消费者的购买，因为它属于国产，并且它的监测功能和有权威的医院进行了连通。

（三）市场定位陈述

在进行用户市场定位确立自己的目标用户时，要注意以下几点，即市场定位陈述。

（1）了解目标市场。要先了解目标市场，包括所在地区、消费者特征、消费力和消费行为等。了解目标市场可以帮助企业更准确地定位产品或服务，提高市场定位的准确性。

（2）定义产品卖点。企业需要确立自己的产品特性，明确该产品适合哪个方向的群体用户，关注目标用户的年龄、职业、受教育程度等。

（3）分析目标消费者的关键因素。目标消费者的特征有哪些？消费者的消费习惯和喜好是什么？怎样设计能够让他们感兴趣？通过分析这些关键因素来了解目标消费者，使之更好地为他们人性化地挑选产品和服务创造极具吸引力的市场定位。

只有科学地进行市场细分，细分出的市场才对设计师进行更加具有针对性的产品设计有意义，也只有做好市场定位才能找到适合产品的用户。市场定位与继续要进行的竞品分析紧密相连，之后在竞品分析的部分会进一步讨论。

第三节　新媒体产品用户分类及行为分析

一、新媒体产品用户分类概述

新媒体产品与传统产品不同，新媒体产品是一种电子产品，它通过一系列界面的组织，使用"手势""单击—双击"等互动语言，在手机或电脑客户端中与电子产品产生互动，进行操作，主要通过互联网和数字技术进行传播，如网站、移动应用、社交媒体平台等。这也形成了新媒体用户与传统用户的区别。传统产品用户数据调查方式可能通过问卷、访谈收集，数据一般更新迭代速度较慢，传统用户依赖广告等媒介进行宣传，用户与用户之间互动性低。但新媒体产品具有强大的互动性，用户可以通过评论、点赞、分享等方式与内容创作者和其他用户进行互动和交流，新媒体产品中由于较强的互动性和实时更新性，用户会积极参与其中，他们的数据在网络中留存下来，不需要有问卷即可获得。新媒体产品并非一次性的直接购买，也不是非要花钱才可以，由于新媒体产品需要通过各种方式来增加用户的黏性，吸引更多用户使用产品，因此用户活跃度、留存率等成为评估产品质量和用户体验的重要指标，并且新媒体产品可以产生大量的实时数据，数据量大、更新快，可以进行更精细化的用户行为分析和实时反馈。更由于新媒体产品是一种依赖计算机等电子技术的产品，对于使用也产生了门槛，这也是为什么后面会讨论需求，以及从技术接受角度讨论用户行为。

新媒体用户分类有多种方式，如根据线上用户活跃度或者对产品的回应来进行划分，通过用户分类，市场可以更好地理解用户的需求和行为，对不同类别的用户采取不同的维护策略，可以提高用户的留存率和活跃度。新媒体产品在很多方面都与传统产品不同，它们盈利方式不同，新媒体产品更加看重用户是否使用该产品、使用的时长和广告点击量等方面。因此针对新媒体产品的用户需要考虑用户在产品平台上的各种行为数据，如点击、浏览、评论、分享等。企业可以根据活跃度、留存率等数据优化其产品和服务，提供个性化服务来促进用户的参与和留存。进行用户分类可以更好地了解不同类别用户的需求，以便对不同类型的特征用户对应的产品进行适用性设计的优先级评定，进一步提高产品适用性体验。

（一）依据用户对产品的回应划分

用户对产品的回应可以根据多个维度进行测量，例如线上用户对产品的搜索次数、用户下单的回购率和用户浏览产品官网的时间与频率等。后续将在讲解有关用户、产品与市场三者关系时补充讲解触及用户、未触及用户与忠诚用户三者的转化。

（1）触及用户。触及用户是对产品的回应较好，使用和直接接触产品，用户产生了积极的回应行为，此种行为能够反哺产品服务。

（2）未触及用户。对产品的反应差，由于产品不容易被用户接受，使此类用户产生了一种被强行灌输的感受，形成负面情绪。

（3）忠诚用户。此类用户相比触及用户对产品黏性极高，反馈更加积极，产生了较强的产品信任度。李睿智等❶认为在用户已经熟悉了现有平台的运作方式并且和现有平台建立了信任关系的情况下，用户会因为重新学习其他同类型产品转化成本过高而愿意维持现状，形成持续性知识付费行为。这种具有持续性的行为的用户被认为是忠诚用户。

（二）依靠用户活跃度划分

在新媒体平台中，由于用户在社交平台上可以带动其他用户对于产品的关注，所以对市场产生了影响，准确地说是用户行为活跃度、用户的各种行为（如发布消息、转发、评论等）发生的频率大小。对于一个产品而言，用户活跃度越高越有价值。

（1）核心用户。这类用户的贡献度远高于其他用户，活跃度也是最高的。从商业目标认知，核心用户通常是指购买力强且能够重复购买的用户，这类用户通常是认可产品设计中体现的价值观，愿意推荐给自己的朋友，有一定的社会基础和经济能力。

（2）活跃用户。核心用户在虚拟产品社区用户中的占比极少，企业在发展过程中不能只瞄准核心用户，而应将目光适当放在社交用户上，流量活跃用户在市场上愈发扮演着重要的角色。此类用户活跃度仅次于核心用户，互动积极性高，他们很愿意在新媒体平台上发表自己对产品的看法，他们的积极性能够带动其他用户参与产品讨论，提高产品论坛的活跃度，

---

❶ 李睿智，齐航，相薨薨，等.在线付费问答平台用户持续使用行为影响因素研究［J］.情报探索，2021（9）：94-101.

从而达到吸引更多海量的用户感受到此产品的内容和信息，使用户整体基数增加，对普通用户形成较强的吸引力并促使他们转化。

（3）普通用户。此类用户贡献值与活跃度都较低，在更多时候都作为跟随者，容易受到他人的态度影响，很多用户在大多数情况下都处于"潜水"状态。这类用户是产品的潜在用户，可以在营销时发布一些具有引导性的信息吸引潜在用户。

二、新媒体行为分析概述

（一）用户行为分析的目的

用户行为分析能够为产品迭代与发展提供方向，通过用户行为分析可以还原用户使用的真实过程，只有清楚用户的使用行为与习惯才能找到产品推广、使用、创新等过程中存在的问题。用户行为分析具有如下目的。

（1）深入了解用户需求。通过分析用户行为数据，可以了解用户在使用产品或服务时的各种行为习惯和想要实现的目标，从而更好地满足用户需求并提高用户体验。

（2）能够优化产品和服务。通过用户行为分析，企业可以了解用户对产品或服务的反应，从而优化产品和服务的设计和功能，提高产品或服务的竞争力。

（3）改善用户体验。通过用户行为数据的收集和分析，企业可以发现用户在使用产品或服务过程中遇到的问题和瓶颈，及时改进和优化，从而提高用户体验。

（4）提高用户满意度。通过改善产品或服务的设计和功能，随时调整营销策略，企业能够更准确地满足用户需求和期望，增强用户对产品或服务的满意度。

（二）用户行为分析的作用

（1）个性化产品和服务。通过分析用户在平台上的行为，可以更准确地了解用户的需求和兴趣，为他们提供更加个性化的产品和服务。例如，电商平台可以根据用户的浏览和购买习惯，推送相关的产品和促销活动，提高用户的购买转化率。

（2）优化产品设计。用户行为分析可以揭示用户在使用产品时的痛点和问题，帮助产品团队进行改进和优化。通过分析用户的点击、停留时间、流失等行为指标，可以找出产品存在的问题，针对性地进行优化，提升用户体验。

（3）精细化运营。通过构建用户行为模型和用户画像，可以改变产品决策，实现精细化运营，指导业务增长。在产品运营过程中，对用户行为的数据进行收集、存储、跟踪、分析与应用等，可以找到实现用户自增长的病毒因素、群体特征与目标用户，从而深度还原用户使用场景、操作规律、访问路径及行为特点等。

（4）预测市场趋势。通过对用户的行为数据进行长期跟踪分析，可以预测市场趋势和用户需求的变化，从而提前做出战略调整，抓住市场机遇。

总的来说，用户行为分析可以帮助企业更好地理解用户需求，优化产品设计和服务质量，提高营销效果和决策的科学性，发现新的商业机会和市场趋势。

三、新媒体消费者行为分类

（一）消费者行为的概念

1.用户行为研究的范畴

用户行为是一个广泛的概念，包括用户与产品、服务或品牌的所有交互和体验。用户行为包括用户接受行为、用户购买行为和用户推荐行为。这些行为方面并非完全独立，它们相互影响、相互作用，共同构成了用户对产品或服务的整体体验和评价。因此，在研究用户行为时，需要综合考虑，以便更全面地了解用户需求和市场变化。

2.用户行为研究的意义

（1）对实际设计的意义。产品能否被接受或者占领市场与用户的使用意愿与使用行为总有直接或间接的关系。在发现用户的接受行为不理想时，就需要对其用户、市场、产品功能进行重新定义，以改进现有的产品。

（2）对品牌忠诚度的意义。品牌忠诚度的提高有利于提高目标用户与产品之间的黏性，帮助产品更加高效地触达用户，提高产品的商业价值。对于市场，品牌忠诚度有利于分析市场中用户的需求取向与主流价值观，帮助设计师及时关注市场走向，具有市场的意义。

（二）新媒体用户产品接受行为

1.用户满意度与接受行为的概念

（1）用户满意度的概念。用户满意度一词最早由卡多佐（Cardozo）于1965年引入经济学领域，是指客户使用产品或享受服务后的评价，正向评价为满意，反之则为不满意❶。各领域的学者陆续提出新的定义，学者韦斯卜洛克（Westbrook）于1991年对满意定义为顾客

---

❶ 罗贝宁，邓胜利. 用户满意度理论发展与应用研究［J］. 图书情报工作，2005（4）：23-25.

主观觉得很好而随之产生满意感❶；科特勒（Kotler）于1997年将满意度定义为一个人对产品质量或功能的感觉与其产品期望比较的程度❷；2015年ISO9001定义顾客满意度是顾客对其要求已经被满足的感受程度。

（2）接受行为的概念。接受行为源于国外的"Acceptance Behavior"，即接受行为，也称用户接受行为，是指用户对某新型技术产品或服务历经认识、认同、接受的一系列接受过程❸。当用户在使用产品时，如果对产品的界面和易用性感到满意，同时愿意为该产品付费购买，这些行为都是用户接受行为的表现。

2.用户接受行为理论模型

（1）与产品、服务或策略的接受程度和态度挂钩。接受行为涉及用户的态度、习惯、心理和行为等多个方面。基于新媒体产品、互联网电子产品属性的复杂性，由于年龄、受教育程度、生活习惯等因素的影响，许多老年人在使用数字技术方面存在困难，与年轻人相比存在着显著差异。这种差异不仅体现在对数字技术的了解和掌握程度上，还体现在对数字产品的使用和适应能力上。很多老年人可能不了解如何使用智能手机、电脑等数字产品，无法通过网络购物、移动支付等方式进行消费，也无法在线上银行等机构办理业务，难以享受数字时代的便利。此外，一些老年人可能无法理解复杂的数字信息，如新闻、股票行情等，导致他们在信息获取和交流方面处于劣势。因此需要采取一系列措施帮助老年人适应数字时代的生活和工作，包括提供数字教育、培训和咨询服务，帮助老年人掌握基本的数字技能，如使用智能手机、电脑等数字产品。此外，需要在产品设计和开发中考虑到老年人的特点和需求，为其提供易于使用、易于理解的产品和服务。同时，政府和社会各界也应该加强对老年人的关注和支持，提高他们的生活质量和社会参与度。这也说明，针对不同的用户所设计的产品需要考虑到不同用户的特征。

（2）与市场行为挂钩。以老年人为例，老年人是一个庞大的群体，设计师可以设计出一款适合他们的产品，使老年人能够轻松浏览网页、发送消息、拨打视频电话、查看照片等，同时配有大字体、高亮显示和简化的图标，以满足老年人的视力和操作需求。如果产品满足了用户市场，那么，其用户也自然会接受这一产品。还有一种情况，就是产品改变了用户的习

❶ Shepperd S, Charnock D, Gann B. Helping patients access high quality health information [J]. Bmj Clinical Research, 2011, 319（319）：764-766.

❷ Yim F H, Anderson R E, Swaminathan S. Customer Relationship Management：Its Dimensions and Effect on Customer Outcomes [J]. Journal of Personal Selling&Sales Management, 2004, 24（4）：263-278.

❸ 白波. 高校图书馆微信用户接受行为研究——基于技术接受模型 [D]. 长春：吉林大学，2015：18.

惯，在抖音还未出现前，新媒体用户并不习惯使用短视频这一方式来消遣娱乐、获取信息。但抖音的出现，使用户发现短视频浏览时间短、信息获取快，由此短视频的消遣方式流行起来，产品通过自己的特点改变了用户习惯。

（3）与使用产品或应用时展现的行为和心理状态挂钩。用户接受行为还包括用户在使用产品或应用时所展现的行为和心理状态。简单来说，它是用户对于产品的满意度和接受程度的表现，是购买行为的前期心理动因。因此在产品开发的过程中，了解并掌握用户接受行为至关重要，因为它能够直接影响到产品的市场竞争力和用户口碑。

在接受行为研究中，雷蒙德·戴维斯（Raymond Davids）提出了TAM接受行为范式模型（表3-3）。

表3-3　TAM接受行为模型概念表

概念	概念说明	举例
感知有用性	用户对外部因素的观察以及感知能够产生出有价值、有意义的建议、想法或者行动。在这种感知下，用户能够快速确立该因素是否能给自己带来便利，获得有益于自己的内容。帮助用户更加准确地解决问题	腾讯会议在远程交流信息时给我们带来了便捷，减少了时间成本
感知易用性	用户对外部因素能够容易理解，简单、直观并且方便地使用，用户能够容易地完成目标任务。在模型中感知有用和感知易用均决定了用户对产品的使用态度以及用户接受行为的变化	在使用腾讯会议中的特定功能时容易找到自己快捷需要的按钮
行为意图	用户愿意去完成特定行为的可测量的程度。简单来说，它描述了用户对于执行某项行为的倾向或意愿	正面的使用态度可能会引发用户的行为意图，也就是他们想要使用这款软件的意愿。如果用户认为这款软件易于使用，并且能够有效地满足自己的需求，那么他们就更有可能产生强烈的行为意图，即更倾向于下载并使用这款软件
使用态度	用户对某种创新技术的主观感受，主要体现在用户对新技术所持的正面或负面的评价。这种评价可能来自用户对新技术有用性、易用性等方面的感知	当用户听说某款新的思维导图软件可以帮助他更高效地整理思路和制作演示文稿时，他可能会产生一种好奇和兴奋感，这种好奇和兴奋感就是他对这款思维导图软件的一种使用态度
实际行动	用户实际执行或完成的具体行为。在软件使用场景中，实际行动通常指的是用户是否真正下载并开始使用某款软件	在特定的空间和地点打开了软件，例如教室、办公室。操作使用部分或全部具体的功能，包括在网页上的点击、搜索、查看、购买、评论等数据信息。一些常见的用户行为数据包括点击数据、浏览数据、购买数据、评论数据、搜索数据等

可以根据TAM接受模型，在营销时让用户满意，并愿意为产品付费，从而有针对性地改良产品，对标目标用户的需求（图3-8）。

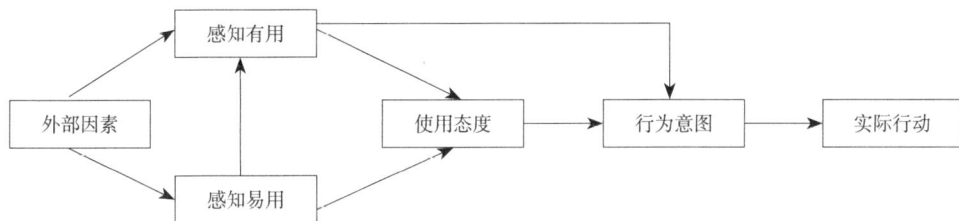

图3-8 TAM技术接受模型 ❶

3.用户产品接受行为与产品设计的关系

随着移动互联网时代的到来，新媒体产品用户的消费习惯与购买行为逐渐发生了变化，企业更加关注用户的需求，进行精准营销。若要被用户接受，达到好的品牌传播和形成品牌忠诚要经历一定的时间和过程，而对新媒体产品的用户行为的分析，了解消费者的人群特征、消费习惯、消费特征等可以对数据挖掘、用户偏好和移动网络营销起到指导作用。

互联网数据最重要的部分是用户的接受行为分析，挖掘用户偏好能更好地实现商业的价值，同时，异常的行为分析也是对用户的一种安全防护措施。由于用户接受行为分析可通过收集、分析和解释用户在网站、应用或渠道中的行为数据，获得对用户行为、需求的深入洞察，因此用户接受行为分析可以帮助企业了解消费者的决策过程、行为路径、流失点、产品偏好和用户痛点。

（三）新媒体用户购买行为

新媒体产品与用户购买行为之间存在着密切联系。首先，很多新媒体产品通过广告和推广来获取收入，广告的效果通常会影响用户的购买决策。其次，由于新媒体产品是线上平台，在使用过程中用户互动和分享行为也会影响其他用户的购买行为。当用户在社交媒体上看到朋友或者是偶像推荐的产品或者是使用心得，可能会增加他们对产品的信任度，从而促使他们做出购买决定。因此了解用户购买行为十分重要。

1.用户购买行为的概念

用户购买行为是指最终用户的购买行为，所谓最终用户是指以消费为目的的购买商品或服务的个人或家庭。所有这些最终用户构成了用户市场（Consumer Market）。用户在年龄、收入、受教育水平和品味方面差异很大，购买的产品和服务也千差万别。对于众多产品，各

---

❶ DAVIS F. D. A technology acceptance model for empirically testing new end-user information systems: theory and results［D］. Cambridge：Massachusetts Institute of Technology，1986.

类用户会有自己的选择。这些多样化的用户与他人及周围环境的互动过程，会影响他们在诸多产品、服务和公司中作出的选择。

2.用户购买行为的特点

（1）动态性。动态性是指用户购买行为是一个动态的过程，受到多种因素的影响，包括个人因素（如年龄、性别、职业、收入等）、心理因素（如个性、价值观、态度等）、社会因素（如文化、社会地位、家庭等）、产品因素（如价格、品牌、质量等）和营销因素（如广告、促销活动等）等，还包括信息动态性及决策的动态性，新媒体时代的信息传播速度极快，用户可以通过各种渠道获取最新的产品信息。这种信息动态性使用户能够更加灵活地调整自己的购买决策。用户的购买决策过程会随着信息的获取和自身需求的变化而不断调整。用户可能会在多个产品之间反复比较，或者在购买后重新评估自己的选择。

（2）互动性。互动性是指用户在购买过程中与其他个体或企业进行交流和互动的行为。这种互动性在购买新媒体产品时尤为重要，如用户通过社交媒体平台与他人交流，分享自己的购买体验和产品使用心得。这种互动可以帮助用户获取更多关于产品的信息，也可以影响其他用户的购买决策。互动性在用户购买行为中起着重要作用，用户可以获取更多关于产品的信息，解决购买过程中遇到的问题，增强对企业的信任感。同时，企业也可以通过互动了解用户需求和反馈，优化产品和服务，提高用户满意度和忠诚度。因此，在设计和推广新媒体产品时，应充分考虑互动性，提供多种互动方式和渠道，以促进用户的购买行为。

（3）多样性。用户购买行为中的多样性是由多种因素共同作用的结果。不同用户的需求和偏好各不相同，在购买行为上表现出多样性的特点。例如，有的用户注重产品的功能和性能，有的用户则更注重产品的外观和品牌。用户的决策过程也有不同，有些用户比较注重理性分析，会收集大量信息进行比较和权衡；有些用户则更注重感性体验，会根据自己的感觉和情感做出决策。

随着技术发展，设计出好的产品，用户行为研究变得越来越重要，用户购买行为是其中一环，深入理解用户购买行为有助于更好地设计产品。

3.用户购买行为模型

用户购买行为模型（Consumer Behavior Model）是指针对消费者种种行为进行研究、分析后形成的范式模型。用户每天都作出购买决策，多数大型公司对此做大量的研究工作以了解如下几个问题：消费者喜欢更简洁的功能还是更全面的功能？购买时喜欢线上支付还是产品线下到付？要知道消费者为什么购买并不容易，因为答案往往隐藏在消费者心里。

敏锐观察到消费者内心深处不是一件容易的事。通常，消费者自己并不会准确地知道影响他们购买的因素。一位消费者行为专家指出：导致消费者购买行为的想法、情感和学习的

95%发生在无意识状态下，不受意识的控制。❶也就是影响消费者行为的原因有很多，既涉及用户在使用产品的社会情境、价值功能，又涉及用户的心理层面。换言之，用户购买行为分析就是市场行为分析，用户行为不仅是购买行为，更主要的是用户的心理与动机的分析。

（四）新媒体用户推荐行为

1.用户推荐行为的概念

用户推荐是一种通过用户的口碑宣传或者邀请式的分享来帮助企业获取新客户的营销策略。当用户对产品或服务的某些方面感到满意时，他们可能会自发地向朋友或其他联系人进行推荐。这种传播往往是无偿的，因为它基于用户对产品的信任和认可，或者用户认为这种产品或服务能够满足别人的需求或提高生活或工作效率。

用户推荐行为可以发生在不同场景和平台上，如社交媒体、电子邮件、即时通信、评价网站等。用户可以通过发表评论、分享链接、转发消息、点赞等方式来表达自己的推荐意愿。

2.用户推荐行为的作用

用户推荐行为的产生往往代表着用户已经十分接受这一产品在某些方面的作用，用户推荐行为具有口碑效应，用户将自己的使用体验和感受分享给其他人，进而影响他人的购买决策。这种口碑效应对于企业来说是一种重要的推广手段，并且具有很强的可信度及个性化。相对于传统的广告和推销方式，用户推荐更具可信度。因为用户通常会向自己信任的人推荐产品或服务，这种信任关系可以提高潜在客户的购买意愿。同时用户推荐行为可以基于用户的兴趣、需求和行为习惯进行个性化推荐，能够更好地满足用户的个性化需求。用户推荐行为对企业和品牌来说具有重要意义，因为口碑营销是一种非常有效的推广方式，能够提高用户满意度和忠诚度。

四、新媒体网络数据与行为分析

通过用户分析能够更好地了解用户的行为习惯，发现产品在设计、生产、推广等各方面存在的问题，有助于发掘高质量的转化方式，使产品的设计营销等方面更加精准、有效。新媒体产品的用户行为分析十分重要，与传统产品不同，新媒体产品基于互联网和数字技术，并且往往更加依赖数据驱动的决策。新媒体产品可以利用用户行为分析进行个性化推荐。通过对用户的浏览记录、搜索历史、点击行为等进行分析，深入了解用户的需求和偏好，从而更好地满足用户需求，为用户提供更加个性化的内容和推荐，提高用户的满意度和黏性。

---

❶ Brad Weiners. Getteing Inside—Way inside—Your Customer's Head［J］. Business，2003（4）：54-55.

（一）什么是新媒体用户网络行为数据分析

1.新媒体用户网络行为数据分析的概念

"行为分析"是商业分析中的一个概念。用户行为分析能够帮助企业深入分析其用户的行为，通过收集和分析用户行为数据，制定更符合市场需求的产品和服务。在新媒体产品中，通过分析用户在互联网中使用电子产品的行为，更能够揭示用户在网站、电子商务、移动应用、聊天软件、电子邮件、互联产品/物联网和其他数字渠道中的行为。行为分析是一种数据分析形式，旨在通过了解用户在软件使用过程中的决策和行为路径、他们接下来需要哪些信息或交互，以及他们遇到了哪些障碍，来主动预测用户的需求。虽然有各种数据和分析可实现此目的，但行为数据是用户生成的具体数据，可以为高度准确地预测意图提供信息，还将对市场产生影响。

2.新媒体用户的网络行为数据

（1）产品使用过程的用户行为图。新媒体网络用户行为数据是来自用户或客户在产品或服务使用中产生的各种行为数据，包括在网页上的点击、搜索、查看、购买、评论等数据信息。一些常见的用户行为数据包括点击数据、浏览数据、购买数据、评论数据、搜索数据等。分析这些数据可以帮助企业了解用户的行为模式和消费习惯，从而更好地制定营销策略和优化产品服务（图3-9）。

（2）用户相关的常见数据。与用户相关的常见数据指标有日活跃用户数量（DAU，"日活"）和月活跃用户数量（MAU，"月活"）以及新增与留存。DAU是衡量一个新媒体产品

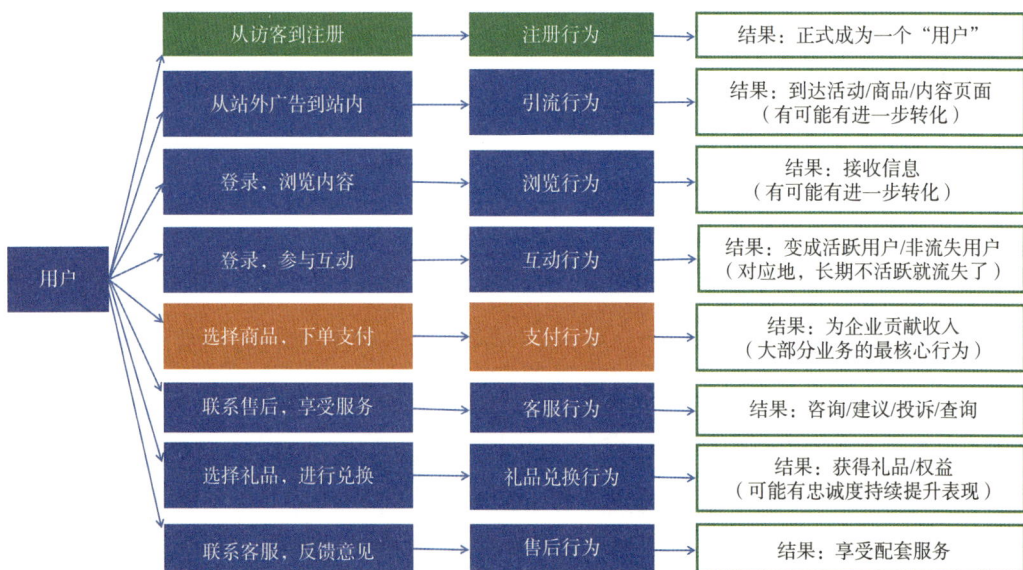

图3-9　产品使用中的用户行为数据范畴图

生命周期活跃度的关键指标之一。MAU是衡量产品用户群体是否足够大的一个关键指标，也是产品核心用户群体筛选的重要依据之一。新增和留存分别表示新加入用户数量和用户留存率。留存率高的产品说明用户黏性较高，也意味着产品用户体验较好，用户愿意留在产品中继续使用。通过这些数据可了解产品的用户增长情况和用户活跃度，进而优化产品功能、用户体验，提升用户留存率等，从而促进产品的长期发展。

在收集数据时，首先要对用户的一系列行为数据进行收集，即埋点❶，需要将用户的行为转化为可以量化的形式，要想实现转化，需要将所谓的埋点用在用户必经的行为路径上，如点击跳转链接、点击立即购买按钮等。其次需要将收集到的数据转化为可视化图表形式，根据时间划分制成折线图，通过图表中的峰值、峰谷以及变化趋势进一步深化研究。

结合点击数和用户活跃数两张图（图3-10）可以总结出用户活跃时段主要分为四个阶段：

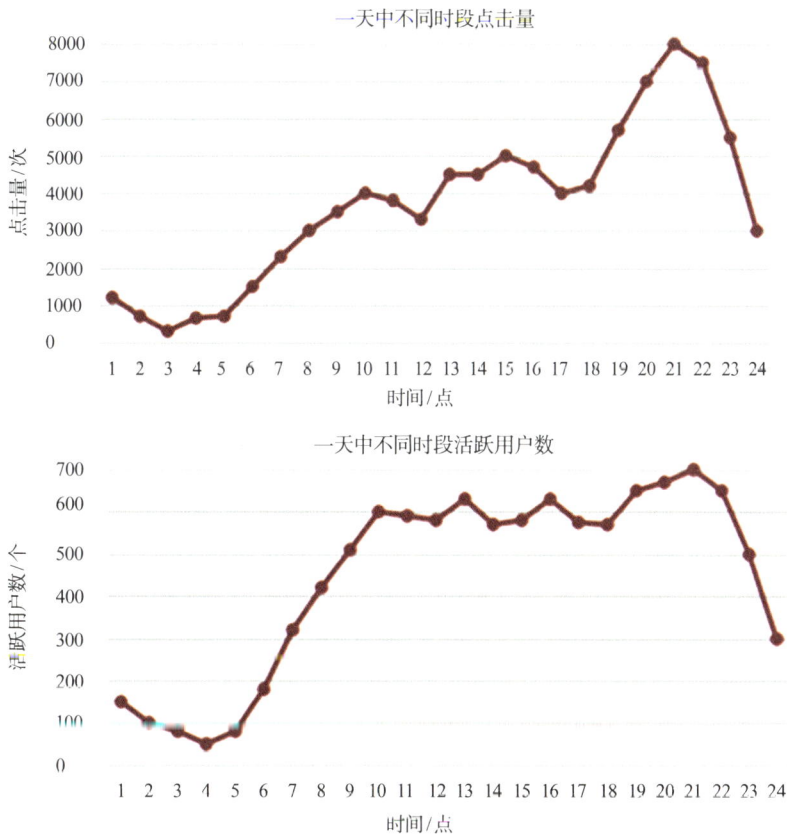

图3-10　用户行为与时间数据呈现分析示意图

---

❶ 埋点指针对用户的行为或事件进行捕获、处理和发送的相关技术及其实施过程，是将我们关心的数据提前采集、保存下来的技术。

（1）21—3点，用户活跃度逐渐下降。

（2）3—10点，用户活跃度逐渐上升。

（3）10—17点，用户活跃度平缓过渡，中间会有一些略微的波动。

（4）17—21点，用户活跃度逐渐上升，21点达到峰值。

21—3点是大众睡眠时间，活跃度会逐渐降到低谷；12—15点会有一个小高峰，大概率是午饭时间；17点以后用户处于下班时段，活跃度逐渐上升，一直上升到21点，晚上17—21点是用户活跃度的高峰期。

通过了解用户的行为和时间数据，市场可以进行个性化营销，提供定制化的产品和服务，提高用户满意度和忠诚度。

（二）新媒体用户行为的漏斗模型分析方法

1.漏斗模型的概念

漏斗模型是指通过一系列步骤，将潜在客户转化为实际客户的过程，这个过程就像一个漏斗：从大量的潜在客户中一步步筛选出最终客户。

漏斗模型能够描述和分析用户在购买决策过程中从初步接触到最终购买的转化过程，可以广泛应用于流量监控、产品目标转化等日常数据运营工作中。

漏斗模型的典型应用是在线营销领域，如网站的用户注册、购物车的结算、订阅邮件列表等。通过漏斗模型，可以了解每个阶段的转化率和流失率，理解用户在哪些环节出现问题、哪些环节需要优化改进，从而提高整个流程的转化率和效率。

2.漏斗模型的阶段

漏斗模型通常分为五个阶段。①意识阶段（Awareness）：在漏斗模型的顶部，潜在客户首次接触到产品或品牌，可以通过广告、宣传、社交媒体发布信息等方式实现。在这个阶段，目标需要尽可能多地引起潜在客户的注意，并引导他们进入下一个阶段。②兴趣阶段（Interest）：潜在客户表现出对产品或品牌的兴趣。他们可能主动搜索更多相关信息，订阅邮件列表，参加网络研讨会或下载产品试用版等。这个阶段的目标是进一步引发潜在客户的兴趣，并将其转化为潜在销售机会。③考虑阶段（Think）潜在客户积极评估产品或服务，与市场上其他产品进行对比，并考虑是否购买。他们可能会阅读产品评论、比较价格、咨询其他用户的意见等。这个阶段的目标是提供足够的信息和支持，使潜在客户认为产品是满足他们需求的最佳选择。④决策阶段（Decision）：潜在客户作出购买决策，将其意愿转化为实际购买行为。这个阶段可能涉及选择产品配置、支付方式和交易条款等。本阶段的目标是降低购买阻力，提高购买的便利性和安全感。⑤忠诚度阶段（Loyalty）：一旦客户完成购买，他们即进入忠诚度阶段。这个阶段的目标是通过提供良好的售后服务、客户关怀和个性化营销活动建立客户的忠诚度，并促使客户进行重复购买和口碑传播。

3.漏斗模型的运用

可以将漏斗模型的五个阶段类比为访问、注册、添加购物车、结算、支付五个阶段，每个阶段分别记录下用户访问次数、注册次数、加入购物车次数、结算次数和支付次数，从而计算出每个阶段的转化率和流失率，进而优化和改进每个流程阶段。每个阶段对应不同的用户分类，将用户归至不同层级后，便可以结合前文所讲的有关用户分类的知识进一步明确每个阶段应做的事（图3-11）。

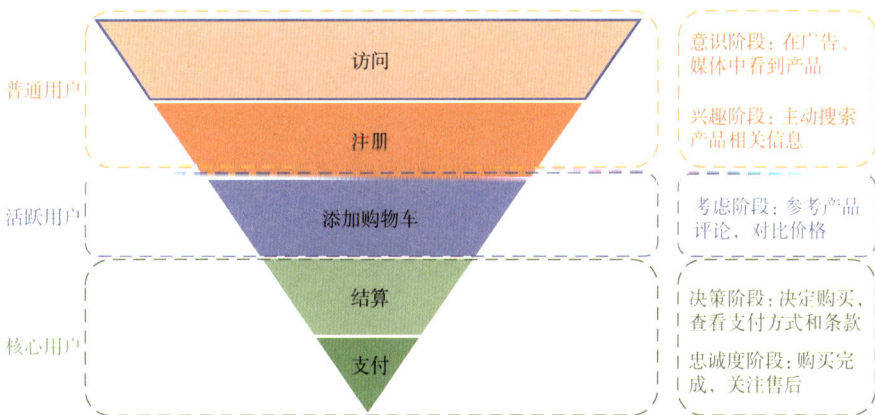

图3-11　漏斗模型示意图

通过对漏斗模型的分析，企业可以了解各个阶段的转化率和客户流失率，识别存在的瓶颈和改进机会，并针对每个阶段制定相应的营销策略和措施。

案例

下面以用户在淘宝App的访问使用情况来分析。

当用户访问淘宝的某个商品页面时，是无法获取商品的完整信息的，如果用户想要进一步了解商品就需要注册自己的淘宝账号。在这个环节中，用户会产生不同的行为选择——注册或不注册，用户这种行为差异背后的原因可能是注册环节设置得过于烦琐，使用户的使用成本过高，如需要绑定邮箱、进行实名验证等。

完成注册环节后用户就能了解更多的产品信息，浏览各类产品，对某个产品感兴趣的话就有可能将商品添加进购物车。在这一环节中，大多已经存在于购物车的产品并不是紧急必要品，有的用户对某一些产品会更愿意等一个折扣。但淘宝很容易将购物车中的所有产品合并结算，由于结算总金额过大，这一环节可能导致用户产生负面情绪，从而导致用户流失。

所有的分析都是为了减少用户购买环节的流失，如果完成购买，该用户就进入核心用户的忠诚度阶段，用户的转化是根据漏斗模型一步步发展的（图3-12）。

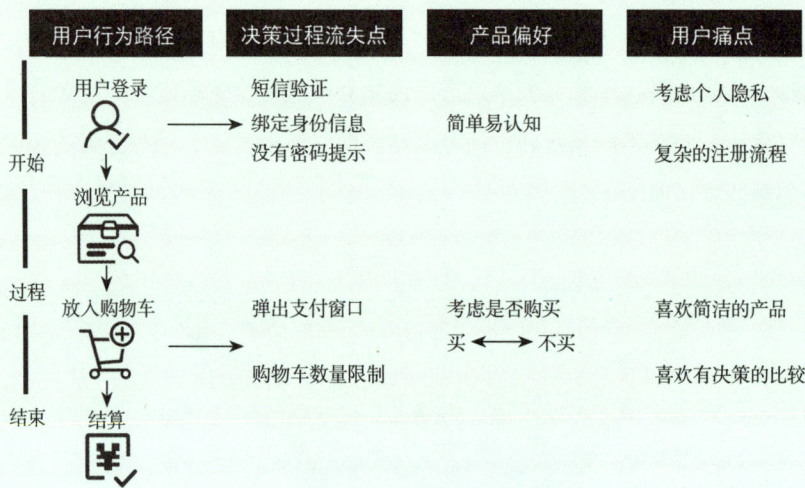

图3-12　用户使用淘宝App进行相关决策及流失图

第四节　用户调研及分析方法

一、用户调研

在当今的互联网市场中，互联网软件行业竞争日益激烈。为了在市场中脱颖而出，提供更有效的设计策略，进行用户分析是必不可少的。

（一）调研目的

1.指导产品研发并优化用户体验

过去较为传统的生产模式中，企业始终奉行"生产什么就卖什么给用户"的原则。这种闭门造车的产品开发模式，常常会产生"做出来的东西用户完全不买账"的情况。如今，众多企业把用户真实的需求摆在了最重要的位置。在用户需求为导向的产品研发中，企业通过获取到的大量目标用户数据，进行分析、处理、组合，初步搭建用户画像，统计用户喜好、功能需求，从而设计制造出更加符合核心需要的新产品，为用户提供更加良好的体验和服务。

2.实现精准化营销

要做到精准营销，数据是最不可或缺的。以数据为基础，建立用户画像，利用标签，让系统进行智能分组，获得不同类型的目标用户群，再针对每一个群体策划、推送针对性的营销。为此，设计师需要得到目标用户的相关数据，帮助企业更好地了解目标用户的需求和购买习惯，从而针对性地制定营销策略。

3.监测市场变化，稳定市场

用户调研可以帮助企业了解市场趋势和消费者需求的变化。通过调研，企业可以收集到关于消费者需求、消费习惯、购买行为等方面的数据，对其进行分析，能够发现市场趋势和消费者需求的变化。这些信息可以帮助企业及时调整产品策略、营销策略，以满足消费者的需求和期望，还可以为企业的决策提供依据。这些策略应该具有明确的可执行性和可衡量性，以确保市场的稳定发展。

（二）目标用户调研

目标用户分析的第一步是目标用户调研。目标用户调研是为了了解目标用户对某个新媒体产品的需求和偏好。通过目标用户调研能够很快确定用户定位，设计师可根据用户定位进行设计进而促进用户使用行为。目标用户调研分为两类，一类是用户情况调研，另一类是用户行为调研。设计师可以参考消费者行为影响因素进行不同方面的用户调研（表3-4）。

表3-4 消费者行为影响因素表

影响因素	人群细分层面	用户情况	新媒体用户行为
文化因素	文化、亚文化、社会阶层	共产党员 语言 工资 教育水平	使用学习强国的软件 观看粤语影视作品 使用一些代购软件 博士毕业会使用学习通
社会因素	家庭、参考群体和角色与地位	军人家庭 已婚/未婚 读书/工作	会关注很多和军人相关的政策信息 每周都会网购奶粉/会网购很多好看的衣服 使用学习通软件/使用企业微信软件
个人因素	年龄与生命周期、职业、经济状况、生活方式、个性及自我观念	20岁 有双休 作息规律	喜欢看动漫、玩游戏 喜欢结伴旅行、打车出行 崇尚健康的生活方式
心理因素	动机、感知、学习、信念与态度	一个人住 成绩平均在90分以上	想要通过软件认识更多朋友 认为这个产品能够帮助自己学英语

二、用户画像

用户画像就是在前期用户调研获取的大量数据的基础上，对信息进行总结，绘制出清晰的可视化的用户形象，以此帮助企业更好地理解用户，提供更符合用户需求的产品和服务。

（一）什么是用户画像

1.用户画像的目的

用户画像能够让设计师清晰地认识到目标用户的特征，可视化程度高。通过建立用户画像，即一个真实用户的形象，设计师可以与消费者共情，设身处地地思考用户需求，这是一种同理心的设计方式，即我们常说的感同身受、换位思考、设身处地、将心比心的设计。

用户数据可视化是为了让隐性的数据显性化，即从用户行为中的基础数据、事实数据，依据市场知识推判得到预测数据，最终有针对性地确定产品风格定位和制订运营方案。

有了用户画像，产品经理、交互设计师、视觉设计师、开发人员之间的沟通和交流也将变得更加容易，彼此之间能更加明白某个需求提出或改动的原因，帮助团队成员达成一致。

2.通过用户画像整理用户数据

用户画像就是通过数据标签构建出来的用户形象。品牌通过对海量数据信息进行分析，将数据抽象成标签，再利用这些标签将用户形象具体化、可视化，最终形成用户画像。

用户画像是对数据的一种整理方法，将数据通过用户画像的方式展现出来，在绘制用户画像时要关注三个方面：用户想要什么、感受到了什么、想要成为什么，了解用户诉求从而对产品的改进提出一些建议。

如果用一句话来描述某个用户画像，即具有××特征的人，遇到了××问题，希望由××来帮助他们解决这个问题。

用户调研是为了更好地确立用户画像，用户画像是交互设计中不可或缺的内容。

3.如何判别什么是好的用户画像

用户画像一定是围绕着产品绘制的，要能够根据该用户画像中总结的内容对产品进行建议性的修改，才能称之为好的用户画像。具体来说，好的用户画像一般具备以下四点。

（1）有准确的数据支撑。用户画像需要结合大量的真实数据，采集途径包括调研、问卷、访谈、统计分析、社交媒体活跃度和内容等综合渠道。充分的、具有代表性的和真实的数据，才可以更好地反映出用户的特点和需求。

（2）充分挖掘用户需求。一个好的用户画像需要充分挖掘用户的需求，以及这一类人群的共同特点，包括生活习惯、喜好等多维度的需求。同时，需要分析用户在不同场景下的消费表现，以更好地揭示用户的心理、动机、价值取向和行为特征。

（3）具有时效性。随着时代的变化和消费者需求的变化，用户画像也需要随时进行更新和调整，确保画像的信息始终保持准确和有用。在画像的调整过程中，需要结合用户反馈、市场变化、产品调整等多种因素更新用户画像中的数据内容和采集方法。

（4）能够指导决策执行。用户画像需要把得到的数据和分析成果进一步转化为营销决策的推力，方便企业根据画像的分析结果制定精准的市场营销策略，从而更好地满足用户需求和提升企业的竞争力。

（二）用户画像的分类

用户画像可以为设计师各方面工作的展开提供方向，大到营销推广的战略制定、内容平台的选择考量，小到个性化推荐、产品设计、服务优化等。用户画像的应用非常灵活，可以根据需求和场景采用适当的画像。

1.侧重人口属性的用户画像

用户画像往往是在某个特定市场中使用特定产品或服务的用户人群。对于大部分互联网公司，用户画像都包含基本属性、行为习惯属性和心理属性等各个属性（表3-5）。

表3-5　用户画像调研属性分布表

基本属性	社会/生活属性	行为习惯属性	兴趣偏向/偏好	心理属性
性别	行业/职业	常住城市	购物偏好	生活方式
婚姻状态	职务/职级	作息时间	浏览偏好	个性
星座	孩子状态	交通方式	—	价值观
年龄段	车辆使用情况	居住酒店类型	—	—
学历	房屋居住	经济理财特征	—	—
收入水平	手机品牌	餐饮习惯	—	—
信仰	—	网购特征（品类、方式）	—	—
健康状况	—	—	—	—

2.侧重产品功能需求的用户画像

功能需求画像侧重点往往在用户对软件功能的需求上，是以用户使用产品或服务的功能为出发点，侧重于用户的使用情况和行为，往往包含用户的职业特点、基本属性、使用行为等。

下面以"飞书"与"息流"为例，分析两款不同功能软件的受众群体，从而了解用户对软件的功能需求（表3-6）。

表3-6　两款不同功能软件的用户画像对比

软件	用户基本属性	用户习惯	用户心理属性
息流ICON （适合学生与老师使用，有很多教学、教案、备考计划模板可以使用，同时能够和同伴共享空间，共同进行计划写作修改）	姓名：李某某 年龄：18～23岁 职业：大学生 希望对自己的日常学习、课程计划、学习空间、旅行计划等进行规划	对自己的生活和学习有完整的规划，需要查看课程表，制订周计划 要完成很多作业和老师安排的任务，事物太多太杂容易遗忘，需要记录下来，最好是能够通过备忘提醒他	自我隐私空间建立
		对每一项完成的任务都能够归纳到一起，方便按条目被调用	希望经过努力得到别人的认可 实现自我荣誉感
		在做单项任务时能够将相关内容都放到一起，排列清晰 对于完成和未完成的计划比较清楚	如果完成项目很多，会具有成就感
飞书ICON （适合职场人使用，能够很方便地进行会议，有完整的工作台，能够写日报、周报、财务报表及审批单等，公务沟通功能更强，具有项目管理的功能）	姓名：王某某 年龄：30～35岁 职业：公司经理 要处理很多工作，很看重自己的工作，希望有一个多功能的软件方便自己和同事交流	在聊天记录中，可以将相应的聊天内容列成任务，方便团队成员查看和完成	社会交往 合作更融洽 社会归属感实现
		需要看很多文件，对文件进行批示。工作内容很多，需要合理计划	

通过这两个用户画像可以看出，"息流"当中的功能一般适用于老师和学生进行工作、学习计划的整理和交流，后期也可以加强学习模板、团队社交属性和知识分享等功能。"飞书"适用于职场人推进工作，更多的是加强财务管理、生活习惯健康提醒等。因此，在软件选择上，不同的功能对应不同人群的需求。

3.侧重用户价值需求的用户画像

用户画像中包含两个方面，一是消费者所具有的自身资源，包括教育、自信、健康、购买愿望、智力和能力水平；二是自我导向，或者说什么能够激励他们，包括他们的行为和价值观念。有两种自我导向：以原则为导向的消费者，他们不靠感觉或被其他人的观点所左右；以地位为导向的个体，他们的观点是基于其他人的行为和观点，为赢得其他人的认可而奋斗。面向行为的消费者喜欢社会性和物质刺激的行为、变化、活动和冒险（表3-7）。

表3-7　用户价值需求画像

用户情况	姓名：小雨 性别：女 年龄：19岁 教育程度：本科 经济状况：1800元/月
生活中的一天	日常事情较杂乱，通常会在前一天晚上列出第二天需要完成的事情以梳理头绪，但因为缺乏自主性，需要有外力推动其完成任务，导致预先设定的事情无法完全完成。多数时间用于上课，完成课内任务。空闲时间会依照紧要程度先完成重要且紧急的事情，无紧要事情时喜欢在寝室看电视剧或读感兴趣的书来打发时间
行为活动	高度依赖互联网，相比实体店购买更加倾向于网购，出于便捷性，相比去食堂也更喜欢点外卖，但很少关注互联网中的热点。 社交圈与娱乐形式都相对固定，很少玩需要耗费大量时间的游戏，相比刚结识的朋友更喜欢与认识多年的朋友一起看电影、吃饭 日常生活中独处时间占多数，力所能及的事情都会更倾向于自己一个人完成，遇到自己无法解决的事情，相比独立思考更习惯于先询问他人意见 买东西之类的小事更喜欢听别人的建议，但对自己影响大的事情通常自己决定，不容易被他人左右甚至会有些固执
闲暇时间	社交：和家人与相熟的朋友出门聚餐，与舍友一起在周边闲逛，待在家里休息，自己出门看电影 沟通：会和父母每天通话，分享生活中开心与不开心的小事。喜欢与朋友通过社交软件聊天，更喜欢与朋友分享开心的事情，不会说太多不愉快的事情而影响朋友的心情，但会向特别熟络的朋友倾诉
需求说明	希望有动力强的伙伴带动其积极性 勇于试错，走出舒适区 需要降低对互联网的依赖性，提高线下生活、娱乐与社交占比
价值	乐观且看待未来理想化 关注自我提升，在乎他人想法，但原则性强，不容易被改变 社交中关注他人价值观，在乎两人之间价值观是否相似 习惯于待在自己的舒适区

从用户画像中可以看出，小雨在社交中更加关注彼此间的价值观是否契合，且具有自主性不强、需要同伴带动的属性，属于较为内向、有一定圈子但看重默契的感性人群。在设计产品时就需要关注这类人群的需求与特点，进行针对性的设计。例如，在社交软件中设置"性格关键词"，给性格比较内向类人群推送与其"性格关键词"相符合的需求伙伴。再如，针对其想要走出舒适圈又看重兴趣的特点，可以在软件中设置"新鲜事"分区，给生活较有安排但并非一成不变的人群推送日常没有关注到或关注少的领域的趣事，用兴趣带动其走出舒适圈。

结语

购买数字产品及在线服务的用户的行为习惯与传统用户不同，新媒体产品的市场分析、定位等方式也与传统产品不同。

本章通过用户、产品与市场三者间的相互关系对产品市场细分、新媒体产品及用户画像进行了详解，为后续调研提供了基础概念。在市场细分中，说明由于人群不同、行为习惯不同，他们所属的细分市场也不同。帮助学生理解目标市场和目标用户群体。

随后对新媒体产品及其用户进行了详细说明，明确了新媒体产品的一些数据概念，包括"日活""月活""用户满意度""用户接受行为"等。通过漏斗分析方法，帮助学生了解用户在使用新媒体产品的各个阶段会产生何种数据，为产品优化和提升竞争力提供参考。

最后，具体到某类人群的用户画像上，帮助学生了解针对不同功能性需求的用户画像，并说明不同价值和需求的用户人群所在的市场特征不同。可以说，市场细分旨在将整个市场划分为不同的消费群体，而用户画像是某一类市场细分的人群画像，可以帮助我们深入了解和描述具体的用户群体。市场细分的结果可以为用户画像的构建提供基础数据和分类依据，用户画像的构建也可以为市场细分提供反馈和验证。它们共同构成了市场营销中用户研究和分析的重要组成部分，为企业制定精准的市场策略和产品策略提供了有力支持。

第四章

市场竞争分析

　　本章将从中观的角度详细阐述市场竞争的必要性以及产品设计的主要流程，介绍市场竞争中的相关知识以及如何进行竞品分析从而设计自己的新产品。通过市场竞争态势和竞争力让学生了解市场在设计产品时的重要性，并将自己产品与类似的竞品进行分析，确定产品定位，保证自己产品的独特性，让自己的产品在市场中脱颖而出。

知识目标

了解竞争态势与竞争力分析在竞品环节中的必要性。

了解SWOT分析方法与五力分析模型在竞品分析中如何使用。

结合实例了解产品如何进行竞品分析。

能力目标

培养学生的抽象理解能力，能够通过模型学习竞品知识。

培养学生的分析能力，能够对不同的产品进行分类、区别。

培养学生的思辨能力，能够区分不同竞品并能理解各个案例。

思政目标

培养学生的全局观，能够分析市场竞争优劣势，分析目标市场的整体情况。

培养学生的整体和全面的思维模式，能够分析当下产品存在的优点。

培养学生的创新能力，激发学生创造性欲望、创新意识，能够对产品功能或设计进行改善创新。坚持知识传授与价值引领融入课堂，培养优秀的学生。

本章重点

学习了解如何对产品进行市场定位。

学习竞品分析的步骤，能够从多个方面进行竞品分析。

本章难点

对竞品分析方法使用进行理解，了解如何根据竞品分析方法分析产品的优势与劣势。

学会从多个维度分析竞品，对所学知识能够灵活运用。

第一节　态势与能力

企业通过用户调研和用户画像对产品进行设计修改后，要考虑产品在市场上的竞争能否成功。这需要进行竞争态势分析、竞争力分析、竞争市场的定位分析和SWOT竞品竞争策略分析，即根据自身的能力、优势，有目的地进入对自己竞争最有利的细分市场，减少自己成本上的投入和资源浪费。

一、竞争态势分析

竞争态势分析是对一个特定市场中竞争对手之间相互作用的研究，以发现市场定位的机会和威胁。通过了解竞争对手的优劣势，企业可以更好地规划自己的战略方向，以获取比竞争对手更高的市场份额。

竞争态势分析是一个复杂的过程，需要综合考虑市场、客户、竞争对手和自身的因素，以了解并适应市场，在激烈的市场竞争中取得优势。

竞争态势分析一般来说是为了延长产品的生命周期。产品可以通过竞争态势分析不断改善和创新，了解所在行业的发展历史和趋势，了解主要竞争对手，包括它们的定位策略、产品和服务、销售策略等。在这个过程中，产品能够寻找到差异化竞争策略，通过差异化的一系列方式如价格定位、促销、广告、形象塑造等手段，企业可以提高其市场知名度和产品影响力，使其产品在市场中脱颖而出，并赢得消费者的青睐，进一步延长产品生命周期。

> **案例**
>
> 　　快手商业化业务负责人表示，2023年6月磁力聚星广告主同比增长接近40%，第二季度商单同比增长两倍。电商发现方面，将激励从单纯的直播扩展到短视频、橱窗等多个场景❶。
>
> 　　对于美团与抖音都非常关注的本地生活领域，快手本地生活业务负责人披露，与2023年1月相比，快手6月本地生活消费用户规模增长498%，支付商品交易总额（GMV）增长848%，达人变现规模增长212%，优质达人规模增长816%；

❶ 吕倩. 短视频竞争态势国内趋缓　海外市场成字节跳动与快手布局重点［N］. 第一财经日报，2023-08-14.

快手直播业务负责人表示，第一季度快手直播获得超过93亿元的营收，月度付费用户数超过6000万，同时在快手经营的月度活跃的机构数实现140%的增长。

此外，对于大模型，快手AI、用户增长业务负责人表示，快手大模型生成式人工智能（AIGC）解决方案基于自研基座大模型，提供文本生成、图像生成、3D生成、音乐生成、视频生成等技术能力。

随着国内短视频竞争态势趋缓，海外市场成为视频平台新的增长点。

案例要点

（1）国内短视频竞争态势趋缓。

（2）竞争力与技术模型密切相关，需要为用户提供文本生成、图像生成、3D生成、音乐生成、视频生成等技术能力。

（3）短视频的盈利模式包括广告和电商变现、用户付费。广告完成多元化布局，包括红人营销、音视频、直播等有强互动性质的广告营销模式会继续被看好。

（4）用户规模包括用户与达人规模。本地生活领域是竞争最激烈的区域，竞争的品牌包括美团、抖音等。

总的来说，竞争态势既包括对市场格局的分析、对营销方式的分析，还包括对具体的竞争企业的具体产品的功能的分析，其优化角度可以有如下几点。

（1）帮助企业了解市场格局。企业可以全面了解市场上同类产品或服务的情况，包括竞争对手的数量、定位、特点和市场份额等，帮助企业更准确地把握市场格局和竞争态势。

（2）进行市场定位和市场细分。通过比较自身产品与竞争对手产品的特点、功能、性能等方面的差异，企业可以发现自身产品的优势和不足之处，有针对性地改进产品设计、功能开发和服务提供，提升自身竞争力。

（3）借鉴经验更好理解用户需求。通过分析竞争对手的市场策略、营销手段、用户体验等方面的优点和成功经验，企业可以借鉴其经验发掘创新点，为自身产品和服务的提升提供参考和灵感。

（4）改善自己的产品优化制定策略。通过了解竞争对手的定位、目标用户、营销渠道等方面的信息，企业可以优化自身的市场定位和目标客户群体，制定更精准的营销策略和推广计划，提高自身市场占有率和品牌影响力。

二、竞争市场中的竞争力分析

（一）竞争力分析的概念

竞争力分析是指企业在特定市场或行业内与竞争对手进行比较以评估其竞争地位的过程。包括评估企业产品或服务的优势和不足，以及确定区别于竞争对手的关键成功因素，从而确保企业在市场中获得优势。同时竞争力分析是产品占据市场的准备条件之一。

竞争力分析对企业的技术优势进行详细的分析。技术优势分析是指分析企业是否拥有比同行业其他企业更强的技术实力及产品开发能力。这种能力主要体现在技术水平和产品的技术含量上。在激烈的市场竞争中，谁先通过竞争力分析抢占了技术优势的制高点，谁就具有必胜的把握。实施创新人才战略，提升技术实力，是竞争制胜的根本。

同样，竞力分析也会对企业的质量优势进行必要的分析。质量优势分析是指分析公司的产品质量是否具有竞争力，是否能够更多地赢得市场，从而取得竞争优势。在实际的交易中，虽然有很多因素会影响消费者的购买决定，但是产品的质量始终是影响消费者的一个重要因素和参照。

（二）竞争力分析的步骤

竞争力分析通常包括以下四个步骤。

（1）确定目标市场和竞争对手。首先，企业需要确定目标市场，并识别目标市场中的主要竞争对手。然后，企业需要了解竞争对手的战略和优劣势。

（2）识别和评估企业的关键成功因素。企业需要识别在目标市场中最重要的事项，并评估自己在这些事项中的优势和不足。这通常涉及SWOT分析，即评估企业的优势、劣势、机会和威胁。

（3）比较企业与竞争对手。企业需要对自己的产品、服务、策略等各个方面与竞争对手进行比较，以便识别竞争对手的优势和不足，并确定自己在市场中脱颖而出的方法。

（4）制定和实施战略。企业需要制定并实施旨在提高竞争力的战略。这可能包括改进产品和服务、扩大营销和促销活动、控制成本、开发新市场等措施。

在竞争激烈的市场中，企业需要进行竞争力分析，这样才能实现长期的业务增长和成功。

（三）竞争态势分析与竞争力分析的关系

竞争态势分析和竞争力分析是市场营销中两个相关但不同的概念。竞争态势分析主要关注行业中各个竞争对手的位置和相对强弱，以及它们之间的关系。竞争力分析则更注重企业自身的竞争力和市场地位。

竞争态势分析和竞争力分析在市场营销策略中相互关联和相互影响。竞争态势分析提供了有关市场中竞争对手的信息，有助于企业了解市场中的竞争格局。竞争力分析则帮助企业评估自己的优势和劣势，并确定如何在竞争激烈的市场中增强自身的竞争力。两者相结合，可以帮助企业确定适应市场需求并战胜竞争对手的战略和措施。因此，竞争态势分析与竞争力分析都必不可少。

（四）竞争能力分析模型——波特五力模型

五力分析模型又称波特竞争力模型或波特五力分析模型，是20世纪80年代初，由迈克尔·波特提出的用于分析行业结构的模型。它分别从新进入者威胁（潜在进入者）、替代品威胁、上游供商的议价能力、下游购买者的议价能力与同行业企业的竞争强度五个维度，来分析一个产品的吸引力。企业要想在同质化产品中引起更多消费者的注意，就需要迸发出与其他品牌不同的竞争元素，形成较高的市场壁垒（图4-1）。

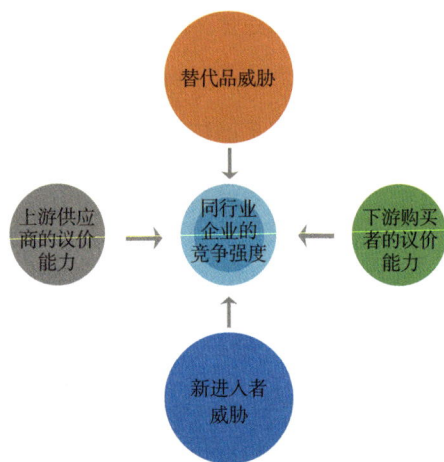

图4-1 波特五力模型

波特五力模型有助于企业理解市场上竞争态势，帮助企业了解市场中的竞争格局，同时评估自身的优势和劣势，并确定如何在竞争激烈的市场中增强自身的竞争力，最终帮助企业确定适应市场需求并战胜竞争对手的战略和措施（表4-1）。

表4-1 波特五力模型在不同类型市场中的应用[1][2][3][4]

市场特点	新进入者威胁	替代品威胁	上游供商的议价能力	下游购买者的议价能力	同行业企业的竞争强度	竞争能力调整
市场人群较大，但竞争优势欠缺，如中国奢侈品市场	弱	强	强	弱	强	培养文化优势，注重购买人群的年轻化

[1] 王雨曦. 奢侈品行业及中国本土奢侈品品牌发展前景分析 [J]. 现代商业，2022（17）：9-12.
[2] 江雨倩. 基于波特五力模型分析的古镇旅游开发与保护——以长沙靖港古镇为例 [J]. 美与时代（城市版），2022（7）：92-94.
[3] 王瑞. 运用SWOT，PEST，波力五特模型分析共享单车营销策略——以ofo共享单车为例 [J]. 现代营销（经营版），2019（6）：87-88.
[4] 姚坤悦. 三只松鼠竞争力战略研究——基于财务分析与波特五力模型 [J]. 老字号品牌营销，2024（1）：162-165.

市场特点	新进入者威胁	替代品威胁	上游供商的议价能力	下游购买者的议价能力	同行业企业的竞争强度	竞争能力调整
文化资源优越，如义旅市场	有一定优势	强	强	弱	强	提升核心竞争力
用户市场大，但市场过剩，存在无序竞争，如国内共享单车市场	弱	弱	弱	弱	强，但同质化严重	改变同质化运营方式，开发差异化产品。提高行业集中度，加强技术革新以提升服务质量
市场竞争格局较分散，行业参与者较多，如休闲食品类市场	强	弱	弱	强	强	掌握消费者最新的需求，利用数字经济，强化品牌建设

三、竞争市场的定位分析

（一）什么是产品定位

确定了产品与市场上其他产品的不同之处后，就可以专注于自己的产品信息，以有效地针对潜在客户的需求优化市场。产品定位描述了打算赢得的具体市场，以及有何独特的资格赢得它。产品定位是市场竞争中至关重要的一环，它能够帮助企业明确产品的市场定位，形成差异化的竞争优势。

（二）什么是定位图

从本质上讲，定位图是一种可视化工具，用于分析在用户心目中，其产品或服务与竞争对手的比较情况。定位图将自己的品牌和主要竞争对手绘制在一张图上，坐标轴代表价格、质量和功能等重要属性。这样做的目的是确定留白机会和可以实现差异化的领域。深思熟虑地选择要绘制的属性，可确保定位图提供有意义的竞争洞察。在绘制定位图时，要将注意力集中在用户真正关心的问题上，选择特定的属性来绘制定位图。

（三）什么是感知产品定位图

感知产品定位图是用图形表示产品与竞争对手的比较情况。它是一个由横轴和纵轴组成的二维图表，代表关键属性，如价格、功能，以及任何可用于比较的相关标准。地图将某品牌和主要竞争对手绘制在一张图上，纵轴为质量，横轴为成本。在定位图中，将这一品牌类型相关的其他品牌放置在地图上，能够清楚地看出该品牌期望定位与实际定位之间的差距（图4-2）。

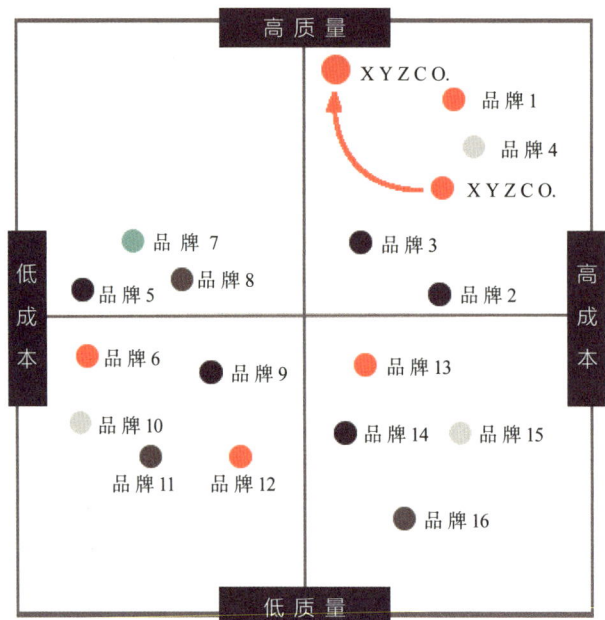

图4-2　XYZ公司品牌感知地图

定位策略因公司而异。但无论采取何种方法，都需要站在客户的立场上，从他们的角度看待购买过程，并自问：我的产品与市场上的其他产品相比如何？感知性产品定位图可以为产品定位战略提供宝贵的支持，并在实现主要目标方面发挥重要作用：在市场中确定一个利基市场❶。正确使用产品定位图，可以巩固设计师对产品或品牌的了解，或者更好的是，提供新的见解，帮助了解消费者行为、市场趋势和市场差距。

（四）感知产品定位图的作用

设计师的意图和客户的想法可能大相径庭，而感知图则揭示了客户对自己与竞争对手的实际看法。在图上标出每个公司的位置，根据数据绘制每个产品，就会得到一张感知性产品定位图，描述产品与竞争对手的关系。

在很多情况下，感知产品定位图的分析容易停留在判断竞品之间功能或属性的"相同"或"不同"等层面，其深度和客观度是远远不够的。简单的罗列并对比可以找到竞品的共同点和差异点，但很难挖掘出产品背后的逻辑，即出现这些差异的原因和这样做的优缺点。因此，有必要在此基础上对竞品的具体方法进行更多的拓展和丰富。

❶ 利基市场是在较大的细分市场中具有相似兴趣或需求的一小群顾客所占有的市场空间。大多数成功的创业型企业一开始并不在大市场开展业务，而是通过识别较大市场中新兴的或未被发现的利基市场而发展业务。

四、SWOT竞品竞争策略分析

SWOT分析法也叫态势分析法，由美国旧金山大学管理学教授海因茨·韦里克（Heinz Weihrich）在20世纪80年代提出，适用于从企业内部和外部市场收集资讯，分析市场环境、竞争对手，制定企业的竞争战略。

（一）SWOT竞争分析方法的概念

SWOT分析法中，S指内部优势（Strength）、W指内部劣势（Weakness）、O指外部机会（Opportunity）、T指外部威胁（Threat）。SWOT竞争分析方法被广泛应用于在竞争态势中进行战略制定和竞品比较，能够全面地考虑问题，通过优势、劣势、机会、威胁四个方面进行系统分析，能够帮助管理者识别和制定有效的战略。首先，具有全面性，该方法考虑了影响产品的各种内部和外部因素，通过该方法，分析者可以识别出产品进入市场后的优势和劣势，以及外部的机会和威胁。其次，具有结构化，相比于其他方法，该方法采用矩阵形式排列内部和外部因素，使信息更加结构化，便于分析和理解。这种结构化的方式使分析结果更加清晰，有助于制定更有针对性的战略。最后，具有针对性，该方法能够识别出产品的核心优势和机会，以及关键的劣势和威胁。这种针对性的分析能够帮助产品制定更加精准的战略，实现更好的发展。因此，相对其他分析方法，SWOT分析方法不仅是一种诊断工具，还是一种决策工具。

该模型用于制作战略分析框架，可帮助公司将战略规划与内部资源及外部环境有机地结合起来。优势和劣势、机会和威胁都是相对的，因此SWOT的重点是与竞争对手进行全方位的比较。通过比较才能对产品的优势和劣势有客观的认识，从而帮助企业或产品团队在行业环境中找到自身定位。显然，SWOT分析更适合从市场与行业背景等比较宏观的维度来分析竞品，而不是产品的具体功能与结构等细节[1]。

（二）SWOT中的四种战略

SWOT分析法包含四种战略（图4-3）。

（1）SO战略。外部有机会，内部也具有跟机会相匹配的优势。这种情况下能形成杠杆效应，企业应该利用自身内部的优势去撬起外部的机会。

（2）WO战略。通过改善自己的劣势，来抓住机会。当内部没有优势与外部机会相匹配时，需要先通过资源手段将劣势转化为优势，再迎合外部机会。

---

[1] 程林. 用户研究中的竞品分析方法研究［D］. 武汉：武汉理工大学，2016：43.

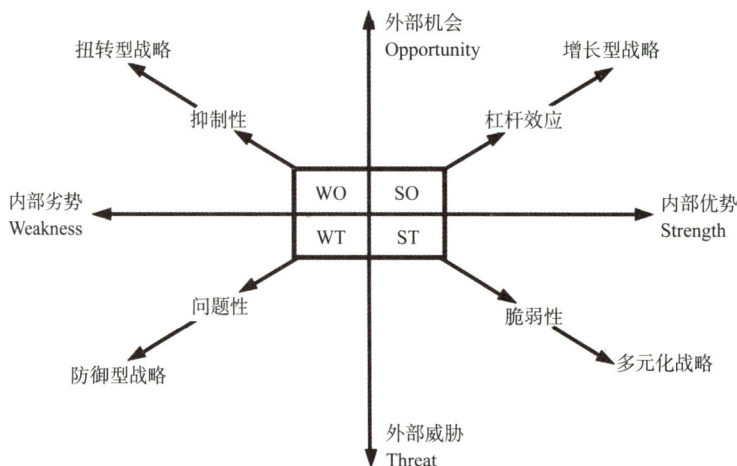

图4-3 SOWT方法图

（3）ST战略。发挥自己的优势，想办法规避威胁。当环境对企业优势构成威胁时，优势得不到发挥，企业必须先克服威胁，才能发挥优势。

（4）WT战略。将劣势最小化，或者快速弥补劣势，来规避威胁。当企业内部劣势与企业外部威胁相遇时，企业面临着严峻挑战，如果处理不当，可能会直接失败。

以游戏市场为例，游戏业是一个多元化、高速发展且具有巨大潜力的行业，包括游戏开发、发行和运营等多个环节。随着互联网技术的不断进步和全球游戏市场的扩张，游戏业正呈现出蓬勃发展的态势。然而，游戏业也面临着一系列的机遇和挑战。结合手机网络游戏特征、自身现状、相关产业现状和对比分析，运用SWOT理论进行深入分析，有助于更加清楚地了解手机网络游戏的情况，并找出合适的发展策略（表4-2）。

表4-2 SWOT市场分析案例：手机游戏与电脑游戏市场占有对比

S：优势 便携性。手机游戏和电脑端相比具有更便携的优势，玩家可以在任何时间、任何地点随时开始游戏 操作简单。手机游戏操作简单，适合各种年龄段的玩家	W：劣势 终端受限。手机受显示屏太小、电池持续时间短等困扰网络条件。手机游戏可能对网络条件有较高要求，玩家需要保持稳定的网络连接才能享受游戏，而电脑端则没有这种困扰	O：机会 移动设备普及：相比电脑端，随着移动设备的普及，越来越多的人开始使用手机玩游戏。这为手机游戏市场提供了广阔的发展空间	T：威胁 同质化竞争。随着手机游戏市场的竞争加剧，可能会出现大量同类型的手机游戏，导致用户选择困难 不诚信行为。手游更容易出现短信陷阱、游戏诈骗
SO战略： 发展移动特色和结合手机其他功能的游戏	WO战略： 提高手机游戏的研发技术，更加贴合各个不同类型的手机设备	ST战略： 设计优于其他同类的游戏，及早研究不良影响，做好防备	WI战略： 突出游戏运营商的作用，做适合自己游戏的宣传以吸引玩家

（三）SWOT 方法的应用模型

分析的一般步骤如下。

（1）明确企业（产品）的行业属性，以及明确进行竞争分析的目的是为新产品的设计提供策略参考，还是为已有产品体验的优化迭代提供数据支撑等。

（2）界定竞争范围，简单搜集相关的目标企业市场，并确定竞争对象作为分析的对象，通过包括网络搜索等多个渠道简单了解企业市场及具体产品的基本信息。

（3）外部分析（O和T，机会和威胁），判断企业（产品）在所处行业环境中相对竞争对手（产品）的机会和面临的威胁。

（4）内部分析（S和W，优势和优势），基于企业和产品团队的资源与能力进行判断，写下自身相对竞争对手的竞争优势、核心竞争力及弱点、缺点。内部分析时要着重分析企业的优势而不是劣势，因为整个分析的目的是要发掘市场机会，而不是寻找市场阻力。

（5）综合分析，对以上得到的 SWOT 四个部分的因素进行组合分析，分为四个类别：优势+机会、劣势+机会、优势+威胁、劣势+威胁。此时的分析目的是在已经找到SWOT四个要素的基础上进行针对性的探索，挖掘新的市场机会或产品开发或改良的出发点。

第二节 产品制作完整化的竞品分析

具体产品的竞品分析是产品设计中的一个重点，它能够促进产品制作的完整化与细节化，保证产品的实用性和科学性。为了让产品卖得更好，就要学会比较，取长补短，并提出一套有针对性的解决方案来改进自身的产品。

一、竞品的概念与分类

（一）竞品的概念

竞品是指一个企业或品牌所面临的直接或间接的竞争对手或同类产品。竞品可以包括同一行业内的其他企业或品牌，也可以是不同行业但提供类似产品或服务的企业或品牌。竞品的数量和类型通常取决于具体的市场和产品类别。了解竞品的情况，可以帮助企业更好地了解市场的现状和发展趋势，以制定更具针对性和有效性的市场竞争策略。

（二）竞品的分类

在竞争关系中包含广义竞品与狭义竞品，按用户需求可分为直接竞品、间接竞品和潜在竞品（表4-3）。

表4-3 竞品概念与分类表

类型	定义	举例
广义竞品	所有能够产生竞争关系（无论直接还是间接）的产品	网易云音乐、微信、抖音虽然是不同领域的产品，但它们都是针对用户休闲时间开发的产品，所以会产生间接的竞争关系，属于广义竞品
狭义竞品	指在相同领域内产生竞争关系的产品，并且处于不同领域的也存在竞争关系	同属购物网站的淘宝、京东是狭义的竞品，非常著名的柯达公司被数码相机"打败"
直接竞品	指具有相似产品定位、类似产品功能、针对同一客户群体，提供一样的需求，并且在市场上直接竞争的公司或品牌	QQ音乐和网易云音乐，产品服务的是同一类用户，满足同一种需求——听歌
间接竞品	指虽然没有直接竞争，但可能会影响到同一目标客户群体作出使用决策的其他产品或品牌，解决的需求不一样，会相互影响	全民K歌、唱吧与网约车，虽然不是直接竞品，但随着在家唱歌的软件发展，用户不再需要出门唱歌，所以也间接地影响了网约车的用户
潜在竞品	指和某个产品或品牌目前没有直接竞争，但可能会在未来竞争的产品或品牌	普通的手表和智能手表的竞争激烈，而随着科技的进步，如果出现了更加先进的电子设备，那么它很有可能成为智能手表的潜在竞品

二、基于竞品分析的产品改进

竞品分析是一种重要的市场分析方法，进行竞品分析有以下三个原因（图4-4）。

（1）对比竞争。对比对手产品特征，分析产品可行性。

（2）观察对手市场。通过相同的目标用户，分析竞品功能特点，寻找自己的优势。

（3）提升产品设计。通过观察竞品的用户体验设计，思考自己的设计方案。

图4-4 竞品分析原因图

（一）具体产品竞品分析的步骤

虽然竞品分析在产品所处的各个阶段的分析目标不同，但进行分析的步骤大致相同，一共包含六个步骤。

（1）设定目标。确定范围，为谁做，做什么。

（2）选择竞品。根据自己的需求选择相似的竞品。

（3）确定分析维度。根据自己的需求确定分析维度，如产品价格、功能。

（4）竞品收集渠道。可根据维度选择收集信息的渠道。

（5）信息整理与分析。使用合适的方法对数据进行分析。

（6）总结报告。

在具体产品分析的六个步骤中，第三步确定分析维度往往包括以下几个方面（表4-4）。

表4-4　具体产品的分析维度表

视觉体验	互动体验	产品体验	功能体验
页面颜色、颜色层级	页面框架	用户使用动机	使用频率
排版	交互动作	产品使用流程	功能列表
页面icon风格	用户操作路径	产品使用场景	对相关功能和态度的看法
字体大小、层级	页面语言风格	迭代的	功能使用场景

（二）具体产品的竞品表格分析法

对于具体产品的竞品分析有较为简单的一种方法——表格分析法。很多时候，最直观、常用的具体分析方法，就是列出各个竞品的功能、特征等要点，然后进行简单的对比分析。这种罗列然后对比的方法，是竞品分析的核心思路，而且对于分析人员来说是最简单的方法。当想要较为全面地了解产品的概况，考虑哪些功能需要保留时，可使用表格分析法。表格分析法的优点在于可以对功能、配置、特性等方面进行直观的比较，找到自己产品的优化方法，提出符合自己产品的改进策略（图4-5）。

（三）竞品分析的产品改进策略

1.市场回避型策略

回避型策略是解决冲突的方法之一。当冲突程度很小，而冲突绩效水平也很低时，希望逃避或者抑制冲突而采取的既不合作，也不维护自身利益的方法。在新媒体市场，竞品分析中用到回避型策略一般是，针对竞争对手已经占据的市场细分，企业可以选择避开竞争激烈

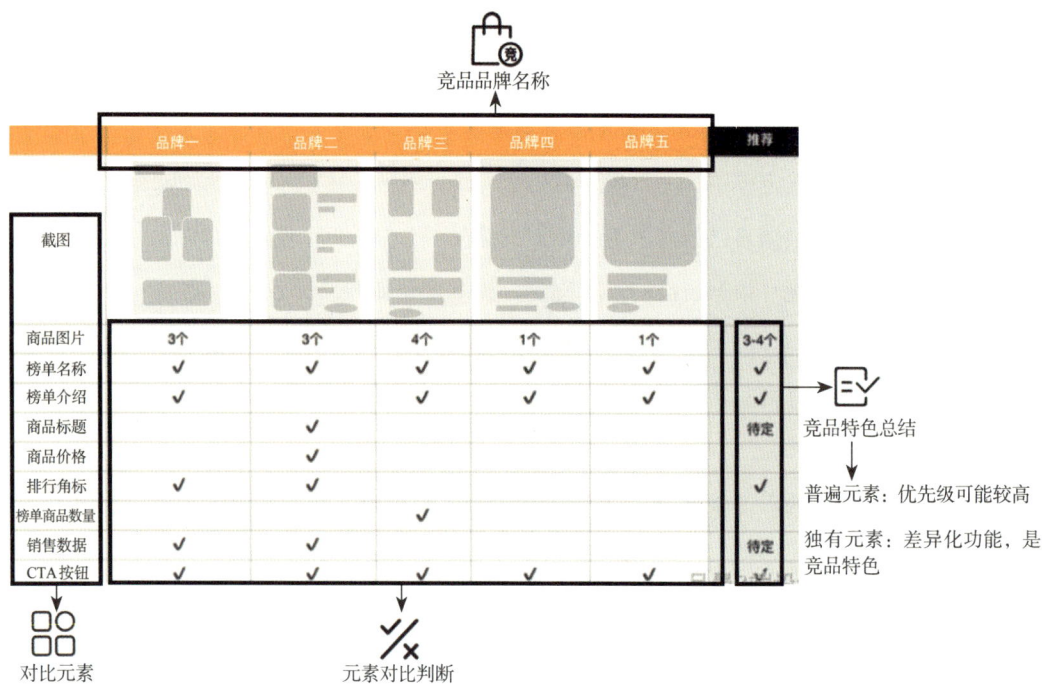

图4-5 表格分析法示例图

的市场细分，寻找尚未被充分开发的市场机会，避免直接与竞争对手展开竞争，而选择在产品定位、目标用户群等方面进行差异化，避免与竞争对手正面交锋。

2.功能优化型策略

优化策略指在不改变产品性质的情况下对产品结构上进行调整，使产品具有更大的使用价值和价值。在新媒体产品中，根据竞品分析结果优化产品功能和设计，能够提升产品的竞争力和用户满意度，制定差异化的营销策略，通过品牌宣传、促销活动、渠道合作等方式提升产品的市场知名度和销售额。

结语

当下，市场竞争十分激烈，了解市场竞争态势可以帮助企业全面洞察市场环境，更好地把握市场发展趋势和竞争格局，预测市场的发展趋势和变化。

通过竞争态势与能力的学习，深入了解市场环境，帮助学生更好地了解一个软件市场的大致情况，使对市场的竞争和定位变得更加清晰，有助于企业评估自身。

随后进一步聚焦竞争市场中的产品，通过感知产品定位图和SWOT竞争分析方式进行分析，结合具体品牌系列的感知定位图直观揭示了品牌差异，从而对产品市场定位形成印象。结合游戏市场，使用SWOT方法分析其竞争战略，通过实际案例说明产品在不同时间段遇到不同问题时，应该采用何种战略来改善及优化产品，为企业在市场竞争中取得竞争优势和实现可持续发展提供了重要支持。

最后，具体到产品间的竞争，说明竞品分析步骤及策略，让学生了解针对不同的竞品如何使用不同的竞品分析策略。市场态势分析是基础，市场定位是关键，竞品分析是手段，三者相互关联，共同构成企业进行市场分析及优化产品的重要环节。

第五章

新媒体产品设计需求管理

　　在新媒体蓬勃发展的背景下，新媒体产品设计需要有效的需求管理，通过综合运用相应策略，团队可以更有效地管理新媒体产品设计的需求，以适应多元化的用户需求、快速变化的市场环境和技术创新的推动，确保产品在激烈的竞争中脱颖而出，提供优质的用户体验。

了解马斯洛的需求层次理论，了解需要、欲望和需求及其之间的关系；了解需求分析的原则；了解KANO模型、用户满意度测量和调研的方法；了解设计需求管理的概念和原理。

理解设计需求，即用户需求、业务需求和产品需求及其之间的关系。

理解需求分析的过程，理解用户场景，理解HMW问题，掌握洞察能力。

理解需求转化的概念和重要性、用户需求转化的方式。

掌握需求识别、收集、分析和规划的技巧。

能够识别和收集设计需求，包括用户需求、业务需求和产品需求。

能够有效开展设计调研，包括使用HMW问题、理解设计调研产品问题维度等。

能够进行需求分析和规划，能够通过用户情境地图、用户旅程图确定产品的核心诉求、用户痛点、需求的优先级和可行性。能够编写清晰、具体的需求文档，确保需求的准确传递和理解。

能够有效管理需求，即使用需求卡片等需求管理工具，处理需求变更和风险，确保项目顺利进行；能够将需求转化为具体的设计和开发任务，推动产品或项目的实施。

培养在需求管理过程中的社会责任意识，确保需求满足用户期望并符合社会伦理。

培养团队成员在需求管理过程中积极沟通和合作的意识，以推动项目的成功实施。

培养学生尊重他人意见、理解他人的意识，引导团队成员在需求管理中注重用户体验和社会责任。

本章重点

用户需求、业务需求和产品需求及其之间的关系。

理解需求分析的过程，理解用户场景；理解HMW问题；能够通过用户情境地图、用户旅程图确定产品的核心诉求、用户痛点。

对不同类型需求的识别、收集、分析和规划方法和工具，确保收集到全面准确的需求信息。

本章难点

如何从用户和利益相关者中准确识别和收集需求。

如何在需求分析和规划中平衡不同的利益和优先级。

第一节　新媒体产品需求及设计需求

一、新媒体产品需求的相关概念

（一）需求的定义

要谈需求，就不能不谈及另外两个与之密切相关的概念——需要和欲望。这三个概念息息相关，却又有所不同。

需要（Needs）是指人们在生理上、精神上或社会活动中产生的一种无明确指向性的满足欲，也可以理解为一种感受到匮乏的状态。需要通常是基于功能、性能、安全性等方面的考虑，它们是解决特定问题或达到特定目标所必需具备的、基本的要求。例如，对一辆汽车的基本需要是提供可靠的交通工具，能够从地点A安全到达地点B，具备舒适的座椅、操控方便等基本功能。又如，人饿了要吃、渴了要喝、希望处于安全的环境、渴望得到他人的认可等，这些都是人类需要的不同表现。作为人本主义心理学的重要理论，马斯洛需要层次理论为研究人的不同层次需求及其行为之间的相互作用提供了基本理论，可以在我们需要定义层级，并且为各层级提供服务及对应服务空间时使用[1]。

欲望（Wants）是指人们对于某些事物或功能的渴望和追求，超出了基本的需要。通常是基于个人喜好、风格、体验等方面的考虑，它们对产品或服务的特性和外观有所要求，但并非必须满足。例如，人对于一辆汽车的欲望可能包括更豪华的内饰、先进的娱乐系统、个性化的外观颜色等，这些都是基于个人喜好和体验的附加期望，是一种有明确指向性的需要，是需要的表现形式，这种表现会受到个体文化和个性的影响。例如，人们饿的时候需要吃东西，但可能张三想要吃面，而李四则觉得米饭更加可口。

在设计学中，需求（Demands）是将需要和欲望具体化为明确的规范和要求，以便作为设计和开发的依据。需求是指在特定情境下，对产品、系统或服务所提出的具体要求和期望。需求应该是可测量、可验证和可跟踪的，能够确保产品或服务满足用户期望和业务目标。例如，对于一辆汽车的需求可能包括最低行驶里程、最大速度、安全性能指标、座位数量等。这些需求可以通过具体的数值、技术规范或具体描述来定义，以确保设计团队能够根据需求进行开发。需求描述了用户或利益相关者对于产品或系统的功能、性能、特性、界

---

[1] Abraham H, Maslow. A Theory of Human Motivation [J]. Psychological Review, 1943, 50: 370-396.

面、安全、兼容性等方面的要求，以及对其操作、使用和体验的期望。需求是一种由购买能力支撑的欲望，是指人们对于某种产品或服务的需要或者渴望，它可以通过金钱或其他方式来表达。需求的大小与人们对于这种产品或服务的重要性有关。需求是市场经济中货物和服务的基础，供给和价格都直接或间接地受需求的影响。例如，在一个购物应用程序中，用户的需求是订单跟踪和物流信息。那么用户希望能够跟踪他们的订单并获取实时的物流信息。他们希望能够在应用程序中查看订单状态、预计送达时间和物流运输的实时更新，以便了解他们的订单进展情况。

人类的任何行为活动都存在相应目的，任何一个行为都存在主动方（In）和被动方（Pa）两部分。当被动方接受来自主动方的行为作用（Be）并产生预期中的变化时，该变化可认为是需求。因此，需求可被定义为：被动方的特性或状态在受到主动方行为作用后所产生的符合预期的变化（Ca）（图5-1）❶。

图5-1 需求产生示意图

（二）需求的特点

从需求的定义中不难看出，任何一个需求都包含以下三个明显的特征。

第一，需求源于需要。需要是人的天然属性，欲望是有所指的需要，从营销学上来说，需求是有购买能力的欲望，即在市场上会真实产生消费的需求，在设计学上，需求是可被通过产品实现的功能或性能，它最终落脚在产品上一个具体的可实现目标上。每一个需求背后都会对应一个需要。

需求作为产品或服务的基本要求，源自用户、客户或业务的真实需求和问题。需求源于实际需要的理解和把握，可以帮助设计和开发团队更好地理解用户的期望和业务的要求，从而开发出更具有价值和实际意义的解决方案。

在真实环境中，产品需求往往由于有多个利益相关者参与，需求的层级会更多，例如，在智能家居系统的需求中，用户希望通过智能家居系统实现便捷、舒适和安全的居家生活，提高生活质量和便利性，智能家居系统供应商希望提供具有竞争力的产品，满足用户的需

---

❶ 王军，王栋，刘勇，等. 基于用户参与思维的产品设计需求获取方法［J］. 机械设计，2022，39（10）：126-132.

求，并促进市场增长和业务发展。

第二，需求的场景化。需求在具体的使用场景中才能得到完整的理解和表达。通过将需求与实际使用场景和情境相结合，可以更好地理解用户在特定环境下的需求和使用方式，从而更好地满足用户的期望。场景化需求考虑到用户的行为、目标、环境条件、交互方式等因素，以确保设计和开发的产品能够适应用户的真实情况。

将需求置于特定的场景或使用情境中，有助于更全面地理解用户的需求。场景化需求考虑了用户在特定环境中的使用情况、操作流程和需求背景，从而更好地定义产品或服务的功能、性能和特性。这有助于确保设计和开发团队能够提供与用户实际需求相匹配的解决方案❶。

例如，在不同的场景下，智能家居系统需要满足不同的需求：①安防场景。用户希望通过智能摄像头、门窗传感器等设备实现家庭的安全监控和报警功能。②生活便利场景。用户希望通过语音助手、智能家电等设备实现远程控制、自动化操作和智能化互动，提供便捷和舒适的生活体验。

第三，需求是可解决的。需求应该是可以通过设计和开发解决或满足的。这意味着在给定的约束条件下，能够提供相应的解决方案来满足用户的需求和期望。需求应该是可实现的，并且符合可行性和可达性的要求。

需求作为对实际问题的描述和表达，必须是可解决的。需求的可解决性是保证产品或系统实际可行性和可实现性的重要因素，通过合理的设计和技术手段来满足需求的实现。它们应该能够通过设计和开发的努力得到满足和解决。这意味着设计团队需要在技术和资源的限制下，确保所提供的解决方案能够有效地满足用户的需求，从而实现需求的可行性和可实现性。

例如，智能家居系统的需求是可解决的，即通过技术和设计的手段可以满足用户和组织的需求。①技术可行性：智能家居系统的需求基于现有的物联网、传感器、云计算等技术，可以实现所需的功能和交互。②设计可行性：通过合理的设计和工程实践，可以将用户需求转化为具体的产品特性和功能，并提供良好的用户体验。

结合需求的三个特点，也可以将"需求"定义为：在特定情况下产生的、可解决的特定问题。产品经理无论是开发一款产品，提供一项服务，还是添加某种产品功能，都是在为用户解决问题，也就是在满足用户的需求。综上所述，需求来源于需要、需求的场景化和需求的可解决性是需求管理和设计过程中的重要特征，它们有助于团队更好地理解和满足用户的实际需求，确保设计方案与需求相匹配，以提供有意义、可行和可实施的解决方案（图5-2）。

❶ 张旭. 浅谈读者需求场景化的思维与方法［J］. 科技与出版，2022（12）：62−66.

| 需求来源于需要 | 需求的场景化 | 需求是可解决的 |

用户 → 实现便捷、舒适和安全的居家环境（需要）

智能家居系统 → 提供具有竞争力的产品（需求）

安防场景 → 报警功能

生活便利场景 → 自动化和智能化互动

技术可行性 → 物联网、传感器、云计算

设计可行性 → 通过合理的设计和工程实践

图5-2 需求的特征

（三）需要、欲望与需求之间的关系

在需求分析和管理过程中，需要、欲望和需求是相互作用的，它们之间存在着一种逐步演化和关联。需要是需求的起点，它代表了用户或业务的基本要求和问题，是对解决特定问题或达到特定目标所必需的功能、性能或特性的概括性陈述。欲望是对需要的进一步补充和个性化要求。它代表了用户或业务对产品或服务的附加期望、个人喜好和体验方面的要求。需求是将需要和欲望具体化为明确的规范和要求，是可测量、可验证和可跟踪的，它们为产品或服务的设计和开发提供具体的指导，给出具体的目标。

在需求分析过程中，团队通过与用户和利益相关者的沟通和理解，识别、提炼出基本的需要。然后，通过进一步的探索、讨论，了解用户的欲望和期望，以及业务的附加要求。最后，将这些欲望和要求转化为具体的需求，通过明确的规范和描述，作为设计和开发的基础。

需要、欲望和需求之间的关系可以用一个逐步细化的过程来描述。

（1）需要是基本的要求和问题陈述，它们指导着需求分析的方向和目标。

（2）欲望是对需要的补充和个性化要求，它们为产品或服务提供了附加的特性和体验。

（3）需求将需要和欲望具体化为明确的规范和要求，使设计和开发团队能够理解和满足用户和业务的期望。

二、新媒体产品设计需求

（一）新媒体产品设计需求的定义

设计需求是基于对用户需求、业务目标和技术限制等因素的理解和分析，用于指导设计过程并满足利益相关者的期望。设计需求是在产品或系统设计过程中所确定的具体规范、目标和要求，旨在指导设计团队开发出满足用户需求和业务目标的解决方案。

（二）新媒体产品设计需求的特征

设计需求是为了确保设计需求的质量和可行性，以及便于项目管理和开发过程中的追踪和调整所进行的一切活动，具有明确性、可验证性、可追踪性、可优先级和可变性五个方面的特征，可以帮助项目团队在开发过程中更好地理解和实现需求，提高产品的质量和用户满意度。

为确保项目的成功和满足用户期望，在进行软件需求分析时，可以基于这些设计需求特征，来验证相关的软件需求，有助于制作时明确是否为设计需求，确保需求的完整性和可执行性（表5-1）。

表5-1　基于设计需求特征的软件需求验证表

特征	内涵	案例（在线学习平台）	优势
明确性	需求应该是清晰、明确的描述，避免歧义和模糊性。它们应该具备明确的目标和规范，以便设计和开发团队能够准确理解和实现	学生应能够注册账户，并填写个人信息；教师应能够创建课程，并上传教学资料	更容易被沟通和理解。设计和开发团队能够准确地理解用户的期望和要求，从而能更好地满足需求，减少误解和错误
可验证性	需求应该是可测量和可验证的，能够通过测试、评估或验证来确定是否满足。可验证性有助于确保需求的正确性和有效性，以及设计和开发的结果与需求一致	学生注册账户后，系统应能够发送确认邮件，验证账户的有效性。要有专门的"作业"模块，让学生提交作业，同时让教师能在作业模板上看到学生提交的作业，查看和评估学生提交的作业	确保设计的产品或服务符合预期的标准和要求
可追踪性	需求应该具备可追踪性，能够在设计和开发过程中进行追踪和管理。每个需求都应该具有唯一的标识符，以便跟踪其状态、变更和进展	学生应能够随时查看自己的课程进度。作业被提交、批改、需要修改或者再次提交，状态栏应有显示，且能提示学生下一步行为	能够提高项目管理和变更控制的效率。为需求分配优先级，团队能够在有限资源和时间内做出决策
可优先级	需求应该能够根据其重要性和紧急程度进行优先级排序。团队可以为需求分配合适的优先级，以指导设计和开发的顺序和决策	教师提供自己的教案和教学视频，展开对课程的讲解，相对于学生上传作业并让教师批改的功能应该排在优先级	能够优化资源利用和时间管理。确保关键需求的及时交付
可变性	需求可能会随着项目的进展而发生变化，需要具备灵活性和适应性。团队应该能够及时识别和处理变更需求，并相应地进行调整和更新	学生应能够选择不同的学习模式，包括自主学习和协作学习，可根据学生反馈和业务需求进行调整和改进	能够快速响应变化的需求和市场条件。提高产品的竞争力和适应性

教务系统需要满足学生、教师和教务管理人员的用户需求。学生的需求是能够方便地查看自己的成绩；教师的需求是希望能够轻松地录入学生成绩，并处理学生的成绩修改申请；教务管理人员的需求是希望能够监控成绩的录入和修改过程，以确保数据准确无误。

在设计过程中，需要将用户需求转化为业务需求。

（1）成绩管理业务需求：系统需要提供学生成绩查询功能，使学生能够通过自己的学号登录，方便查看自己的各科成绩，挂科成绩需要被明确标识出来。教师需要能够录入学生成绩，并具备数据导入导出功能，以及统计和分析学生成绩情况，如相应的分数段人数、平均成绩等。教务管理人员需要能够监控成绩录入过程，提醒未录入成绩的教师及时录入，监控相应学生的挂科情况，及时通知学生补考重修等。

（2）成绩修改申请业务需求：系统需要提供教师成绩修改申请功能，教师可以在系统中提交修改申请，选择要修改的科目并提供修改理由。教务管理需要能够审核和处理学生的修改申请，并提供审批结果。而该系统将申请修改成绩归类在申请类别是为了满足教务管理人员的业务需求，以便于快速并且批量地审核。

最终，业务需求转化成为产品需求，学生能够登录系统查看自己的成绩，并查看详细的成绩单，包括科目、分数和学期信息。教师能够通过系统录入学生成绩，并支持批量导入和导出成绩数据和申请修改成绩。教务管理人员能够通过系统监控成绩录入的进度和准确性，能够生成各种统计报表以支持决策。

在产品开发过程中，可能会有新的发现、用户反馈或市场变化，这些都将影响需求的变化和优先级。因此，需求管理和迭代是一个持续的过程，以确保系统能够不断满足用户、业务和产品需求。

在学校教务系统的案例中，用户需求、业务需求和产品需求之间是否存在层级关系？如果存在，它们之间的关系是如何的？

（1）用户需求转化为业务需求和产品需求，其中成绩管理和成绩修改申请是主要的业务需求。

（2）在产品需求规划中，包括成绩管理需求（成绩查询、录入、导入及导出）和成绩修改申请需求（申请提交、审核、管理）。

简要答案

在学校教务系统的案例中，用户需求、业务需求和产品需求存在层级关系。用户需求是基础，代表用户期望和功能需求；业务需求建立在用户需求之上，包括业务流程和规则；产品需求根据用户和业务需求进行具体规划和功能设计。它们形成一个层级关系，产品需求是用户和业务需求的具体化和实现。

（三）新媒体产品设计需求的内容

设计需求通常包括以下内容。

（1）功能性需求：描述产品或服务应该具备的功能和操作能力。功能性需求涵盖产品或服务的主要功能，以及用户可以执行的操作和所需的交互方式[1]。

（2）性能需求：规定产品或服务在性能方面的要求和指标。性能需求涉及响应时间、处理能力、数据处理速度、可靠性等方面，以确保产品或服务在使用过程中能够达到预期的性能水平。

（3）可靠性和安全性需求：满足产品或服务在安全性和隐私方面的要求，包括数据安全、用户隐私保护、身份验证和访问控制等方面的要求，以确保产品或服务能够安全地使用和保护用户数据。

（4）可维护性需求：规定产品或服务的可维护性和可扩展性要求，包括易于维护、修改和升级的设计结构，以及支持未来需求变化和扩展的设计灵活性。

（5）限制和约束需求：产品或服务必须符合法律法规，其标准符合行业规范，包括产品标准、合规性要求、可访问性要求等。

设计需求应尽可能具体、可衡量和可验证，应为设计团队提供明确的目标和指导，帮助他们开发出符合用户需求、满足业务目标的设计方案，并确保产品或系统具备所需的功能、性能和用户体验。

在满足设计需求时，应该明确用户的日常行为是指了解和描述用户在日常生活中的行为和活动，以便更好地理解他们的需求和设计相关产品或服务。

---

[1] 李雪楠，赵江洪. 基于智能制造的交互系统设计需求与产品化［J］. 包装工程，2016，37（24）：90-95.

　　某大学的教务系统中教务管理人员、教师和学生是主要参与者，他们需要一个高效的课程注册系统来管理和执行课程相关的任务。

　　其中，教务管理人员登录系统后，可以添加新的课程信息，包括课程名称、学分、上课时间和地点等，也可以编辑已有课程的信息，或者删除不再开设的课程，然后将课程安排的数据上传到课程注册系统中。教师登录系统后，可以查看自己所授课程的详细信息，包括上课时间表、学生名单和教学大纲等，可以及时了解课程的安排和要求。学生在登录系统后，可以浏览可选的课程列表，查看课程的安排、课程的描述、授课教师和上课时间等详细信息，以便做出选课决策，在系统中进行课程确认操作（图5-3）。

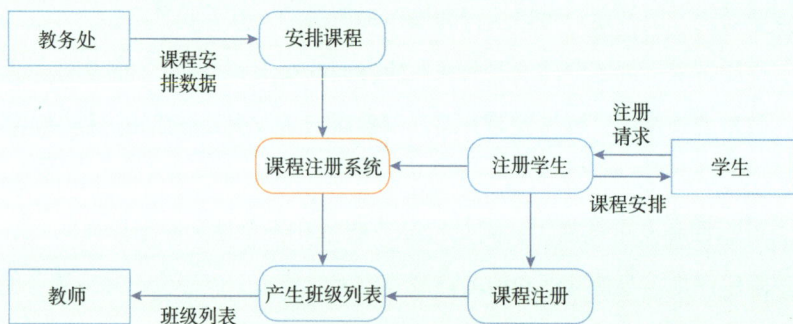

图5-3　教务系统任务设计

　　在功能性需求中，教务处应能够添加、编辑和删除课程信息，包括课程名称、授课教师、上课时间和地点等。同时，能够管理教师的个人信息、教学资质和所教授课程等，以及生成各类报表，如课程开设情况、学生选课情况和教师授课情况。教师需要能够查看所授课程的详细信息，包括时间表、学生名单等。学生需要能够浏览课程安排表，包括时间表、授课教师等。

　　在性能需求中，系统应具备快速的响应能力，保证用户在浏览课程、提交注册或查询成绩时不会感到明显的延迟。还应该支持多个用户同时访问，能够处理大量的注册和查询请求。

　　在可维护性需求中，系统应具备可配置的特性，以便教务处能够灵活地管理课程信息和教师信息。并且应采用清晰、模块化的设计，便于开发人员进行系统的维护和升级。

　　在限制和约束中，系统在教务处为不同的工种提供不同的权限，既能够灵活地管理课程信息和教师信息，也需要明确管理职责，承担风险。这些同样需要采用清晰、模块化的设计。

　　由于可维护性需求一般主要由计算机和软件开发的编程人员承担，在此不多赘述。

思考

在上述案例中，如果需要添加一个新的设计需求，即在课程注册系统中引入在线讨论功能，学生和教师可以在系统内进行课程相关的在线讨论和交流。这个新的设计需求将如何影响系统的功能性、性能需求和安全性需求？

案例要点

（1）课程注册系统需要满足教务管理人员、教师和学生的需求，包括管理课程信息、教师信息和学生信息，以及提供选课等功能。

（2）系统设计需考虑功能性需求、性能需求、安全性需求、可维护性需求和限制与约束需求，以确保系统的稳定性、安全性和可扩展性。

简要答案

引入在线讨论功能会对系统的功能性需求、性能需求和安全性需求产生的影响。它增加了一个新的功能模块，需要处理大量的讨论数据和用户并发访问。系统需提供创建、回复和查看讨论帖子的功能，并确保数据安全和用户身份验证。

（四）新媒体产品设计需求的层级

设计需求是指在进行产品、系统或服务设计时所需满足的特定要求和条件。它们是指导设计过程的基础，确保最终的设计方案符合用户的期望和需求。

最宏观的一种分类方法就是，根据需求的来源和最终呈现方式进行的需求分类，可将需求分为用户需求、业务需求和产品需求三种。

1.用户需求、业务需求和产品需求

如表5-2所示，设计需求基于不同的维度有三种层级。

表5-2　设计需求的层级表

层级	定义	案例（在线学习平台）
用户需求	是指最终用户在使用产品或服务时期望得到的解决方案或满足特定需求的功能或体验。这些需求直接来自目标用户，表达了用户对产品的期望、需求和痛点。用户需求通常是广泛的，涉及产品的多个方面，如功能、易用性、安全性等	学生应能够注册账号，并填写个人信息，教师应能够创建课程，并上传教学资料

层级	定义	案例（在线学习平台）
业务需求	是将用户需求转化为满足企业或组织商业目标和战略的需求。在产品开发过程中，业务需求是对用户需求进行筛选、优先排序和调整，以确保满足关键的业务目标。这些需求将用户需求与公司的商业价值相结合，是产品成功的关键因素	为满足学生对学习资源的需求，需要合作推出一系列与学校课程相关的在线课程；为了提高平台的竞争力，需要开发一个支持多种题型和自动评分的全面评测系统
产品需求	是将业务需求转化为具体、明确且可实现的产品功能、特性和规范。产品需求是产品经理或相关团队与开发团队之间的桥梁，用于传达产品的具体要求，以便团队进行实际开发和实现。产品需求必须非常清晰和具体，方便开发团队理解和执行	在首页添加课程分类和搜索功能，以便学生更容易找到感兴趣的课程；开发一个支持单选、多选和填空题的在线测验功能，并提供自动评分和反馈功能

2.用户需求、业务需求和产品需求的关系

用户需求是需求分析的起点，团队通过与用户交流、观察用户行为、调查问卷等方式来收集用户需求。

用户需求是指用户对产品或服务的功能、性能、易用性、体验等方面的期望，通常表达在用户的自然语言中，可能是直接的陈述、建议或者隐含在用户行为背后，甚至有时会有一定的模糊性。这需要产品经理进行分析，变成更为具体的业务需求和产品需求，如产品能够为学生提供一部分分析功能，说明失分项和常规犯错项，帮助用户有针对性地改进自己的学习。用户需求的提出者通常是产品的购买者或具体使用者，描述的是用户遇到的尚未解决的问题，呈现为站在自身角度的一种感性直观的感受，表达的是他们对产品或功能的一种期望。其颗粒度处于业务需求和产品需求中间。

业务需求是将用户需求转化为对于业务或组织的需求。这个阶段主要是对用户需求进行分析和整理，以便将其转化为更具体、可操作的需求，与业务目标和战略相匹配。业务需求通常考虑了业务流程、业务规则、法规要求等，它们更加宏观，往往由项目投资人、公司高层、市场营销部门、产品策划部门提出，能够为产品开发和服务提供商提供指导性的方向和目标。业务需求关注业务整体性目标和战略。

产品需求是建立在用户需求和业务需求的基础上的，进一步将用户需求和业务需求转化为对具体产品功能（一个按钮、一个操作步骤）或服务的需求。在这个阶段，需求分析人员、产品经理和开发团队将业务需求细化为特定的功能、性能和特性，以确保产品能够满足用户的期望。产品需求是一个更加具体和技术性的层次，通常以需求文档、用户故事、用例等形式来描述。

用户需求是具有用户内在心理和动机特征的需求，业务需求是组织在完成和执行用户需

求时所需要形成的任务、流程，最终这些都要落地，产品需求是反映或者实现。这些需求在产品开发过程中相互关联，但从不同角度和层次上指导着产品的发展（图5-4）。

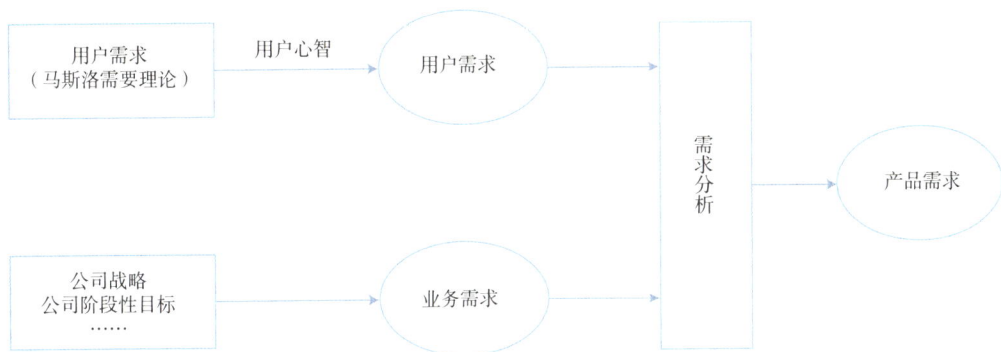

图5-4 用户需求、业务需求和产品需求的关系 ❶

思考

假设我们设计一个社交媒体平台，设想会有怎么样的三种需求？其关注的重点分别是什么？

1.用户需求

用户希望能够与朋友、家人和其他用户保持联系，分享生活中的瞬间和经历，发表观点和评论，获取有趣和有价值的内容。他们希望能够轻松浏览和搜索其他用户的信息和内容，与其互动，并且在社交媒体上建立和维护自己的社交圈。

2.业务需求

社交媒体平台的业务目标是吸引更多的用户注册和使用，增加平台的活跃度和用户黏性，从而为广告商提供更多的广告曝光机会和商业机会。业务需求包括增加用户注册和留存率，提供个性化的内容推荐和广告投放，确保用户数据的安全和隐私保护，还需要考虑用户满意度和口碑的管理。

3.产品需求

用户个人资料区域"我的"，内容发布和互动区域"朋友圈"，社交关系管理"回复、点赞、删除"等功能，内容推荐和发现（搜索框、推送区域），广告投放和隐私和安全。

通过这个例子，我们可以看出用户需求关注社交互动和个人表达，业务需求关注用户增长和广告收益，产品需求则将用户需求和业务需求转化为具体的设计要求和功能特点，以指导产品的开发和实施。

---

❶ 龙思思. 新媒体产品设计与项目管理［M］. 北京：中国人民大学出版社，2021. 197.

三、新媒体产品需求分析

（一）需求分析的概念

需求分析是指在建立一个新的或改变一个现存的系统时描写新系统的目的、范围、定义和功能时所要做的所有的工作[1]，是对产品或服务的需求进行系统性、全面性、客观性、可行性和可追溯性的研究和探索，从需求的描述、来源、类型、重要性、优先级、可行性等方面对需求进行详细的解剖和分析，为后续的产品设计和开发提供基础和依据。通过对用户需求、业务问题和系统功能的研究和分析，以获取对系统或产品所需功能、性能和约束条件的准确、详细和一致的理解。需求分析的目的是明确和规划系统或产品的需求，确保设计和开发团队对需求有清晰的认识，并为系统或产品的设计、开发和测试提供准确的指导。

特别指出在需求分析中，用户需求是产品经理最经常也最容易接触到的一类需求。用户需求是用户以自身角度出发提出的需求，并没有考虑公司和产品的战略及定位，以及市场现状和技术实现等具体问题。因此用户提出的需求也许并不是产品所必须满足的，或者不是这个需求的最佳实现方式，甚至有些时候是不合理的需求。简单来说，用户需求是用户需要解决的问题或到达的目的。值得注意的是，用户需求往往并不能被用户自己清楚明确地表达，又或者用户表述的是浅显的伪需求，用户需求源自现实问题，也就是用户遇到了现有产品无法解决的问题时产生。用户往往融入自己的经验和理解提出他认为的需求点和解决方案，但这却不一定代表真正的用户需求。实际上需求分析的过程就是将用户需求转化为产品需求。

> **思考**
>
> 在社交媒体平台的需求中，用户可能提出以下需求：希望能够在社交媒体上与朋友分享照片和状态更新，并希望平台提供更多的互动功能，如点赞、评论和分享。
>
> 这个案例将说明需求分析的过程是将用户需求转化为产品需求。考虑到公司或产品的发展，平台可以将这些用户需求转化为以下产品需求。
>
> （1）平台应该提供用户上传照片和状态更新的功能，并实现互动功能，如点赞、评论和分享。
>
> （2）平台需要能够处理大量的用户上传和分享的照片和状态更新，以确保快速的响应时间和良好的用户体验。
>
> （3）平台需要保护用户上传的内容和个人信息的安全，防止未经授权的访问

---

[1] 左力凡，韩会山. 浅谈软件开发过程中的需求分析 [J]. 邢台职业技术学院学报，2011, 28 (1)：91-92.

和数据泄露。

（4）平台应该易于维护和扩展，以适应未来的功能增加和用户增长。

（5）开发过程中需要遵守相关的法律法规和隐私政策，以确保用户数据的合法使用和保护。

在需求分析过程中，需求分析师会与用户、业务代表和其他利益相关者合作，收集、整理和分析各方的需求，将其转化为可管理的需求文档或规格说明。这些需求文档包含功能需求、非功能需求、约束条件和相关的用例、流程图、数据模型等信息，用于指导后续的系统设计、开发和验证。

需求分析涉及识别、理解和记录用户的实际需求，同时考虑业务目标、技术可行性、法律法规等因素。它是系统开发生命周期中的关键阶段，对于构建满足用户和业务要求的系统或产品至关重要。需求分析就是产品经理收集并分析归纳用户需求，探明这些需求背后真正的用户诉求，并根据业务需求、用户需求价值与现有资源情况寻找需求解决方案的过程。

（二）需求分析的原则

从前述需求分析的定义可知，对于公司和产品而言，需求分析的原则包括两个方面。

1.为产品的发展提供方向指引

正确的需求分析能够帮助开发者澄清需要开展的各项开发内容，并给出原则性明确、应用范围精准的软件开发、设计需求。为产品的开展提供方向和指引。通过深入了解用户需求、市场需求和业务目标，需求分析可以帮助确定产品的关键功能、特性和优先级[1]。设计需求分析可以帮助确定产品的核心功能，即满足用户需求的关键功能。通过分析和理解用户的问题和需求，可以明确产品必须具备的功能，并优先考虑满足这些核心功能（图5-5）。

理解需求　　发现问题　　识别空白点　　确定核心功能　　制定发展路线

图5-5　制定发展路线，提供方向指引

❶ 司雁鹏. 浅谈软件项目开发过程中的需求分析［J］. 科技创新导报，2017，14（29）：134-135.

2.为优先需求制订合理的解决方案

需求分析在为优先需求制订合理的解决方案方面发挥着重要作用。通过与用户和利益相关者的交流，深入理解优先需求的背景、目的和关键要素。明确需求的范围、上下文和约束条件，确保对需求的准确理解。对优先需求进行详细分析，进一步细化需求，识别和理解需求中的关键功能、性能、界面和约束。通过分析需求的特点和优先级，为后续解决方案的制订提供指导。基于对优先需求的理解和分析，制订相应的解决方案。确保解决方案能够满足优先需求，并符合用户期望和业务目标。与用户和利益相关者一起验证和确认制订的解决方案（图5-6）。

| 深入沟通用户 | 明确需求范围 | 确定优先级 | 方案制订 | 验证与确认 |

图5-6　明确用户需求，验证解决方案

需求分析是一个迭代的过程，随着需求的演化和用户反馈的收集，持续优化和改进解决方案。

产品经理将这些需求转化为产品需求后，需求分析工作没有终止，毕竟需求的解决才是目的。因此产品经理需要结合公司和团队的实际，对转化后的产品需求进行优先级排序，并制订出包括时间表和具体功能特性的产品需求解决方案，最终实现从业务需求、用户需求到产品功能转化的全过程。

通过与用户和利益相关者的反馈循环，不断调整和改进解决方案，以确保满足优先需求的最佳解决方案。需求分析通过深入理解优先需求，分析需求特点，制订合理的解决方案，并在验证和确认后进行持续优化，帮助团队为优先需求制订出最佳的解决方案。这确保了产品或系统能够满足用户期望，并达到业务目标。

需求分析的核心目标之一是深入理解优先需求，并通过合理的解决方案来满足这些需求。在验证和确认后，对解决方案进行持续优化非常重要，有助于产品持续适应用户和市场的变化，以及不断提高用户体验和产品质量。

（三）需求分析的过程

需求分析的过程就是经历图5-7中的"1→2→3→4"，把"用户需求"转化为"产品功能"。其中"Y"的1、4两级都是具体的解决方案，而5是揭示人的生理和心理的基本动因。

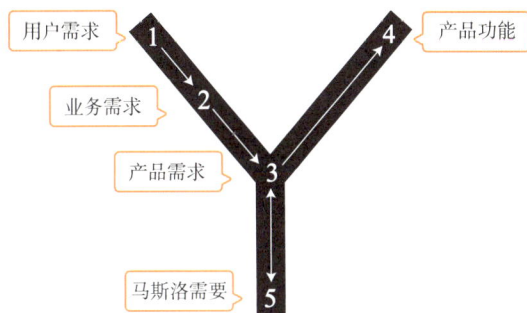

图5-7 需求分析的过程

整个"Y"描述的是越向上越是解决方案，越向下越是背后的目的。"1-用户需求"表现为用户的解决方案，即用户希望得到什么样的产品或功能来解决他们的问题或满足他们的需求。这些用户需求可能表达得不够准确，甚至是不太实际，但它们是用户的期望和愿望。"2-业务需求"处于用户需求与产品功能之间，是将用户需求进行深入分析和解释后的结果，是一个从用户需求转化而来的更具体、更可操作的形式。业务需求与用户需求之间存在较为明确的映射关系。"3-产品需求"是根据业务需求进行产品设计和开发的基础，是对业务需求的具体化和细化，在产品需求阶段需要考虑产品的具体特性、功能和交互等。"4-产品功能"是最具体、明确的需求表达，它直接关联到产品的具体功能和特点，产品功能阶段是为了实现产品需求而设计的。"5-马斯洛需求"是人与生俱来的激励指引人的行为的动力。

需求分析过程：

1→2，在于确保从用户需求到业务需求的转化过程是准确、完整的，并且能够满足业务的战略和目标。这些业务需求将成为后续产品需求和开发的基础，帮助团队更好地打造满足用户需求的产品。2→3，通过问"Why"，逐步归纳。（见思考题）3→4，通过问"How"，逐步演绎。例如，在开始问自己或团队：如何实现这个需求？需要哪些功能来满足这个需求？这些问题将引导团队逐步细化需求并转化为具体的功能。而这个过程中都要用到各种辅助信息，如数据、竞品、行业等。

数据提供了客观的信息量化需求的重要性和影响，可以用来验证团队的假设和决策。通过分析数据，团队可以更准确地了解用户行为、偏好和需求，从而在功能设计中做出更有根据的决策。分析竞品可以帮助团队发现市场上的差距和机会，了解竞争对手的功能和服务，有助于团队找到独特的卖点和创新点，以满足用户需求。行业信息提供了关于市场、技术和用户行为的趋势和变化。了解行业趋势有助于团队预测未来的需求，确保产品或服务在长期内具有竞争力。

例如，在社交媒体平台上，如果用户更喜欢使用视频分享功能，则这个数据表明用户对视频分享有强烈的兴趣。团队可以借此了解用户的实际偏好，并将其与竞品进行比较，看看其他社交媒体平台是否已经成功地实现了类似的视频分享功能，以及用户对这些功能的反馈。假如这些数据表现在老年人群中，发现他们分享的内容大部分是对健康管理的需求且需求在日益增长，有越来越多的人关注使用智能健康监测设备。那么这个行业数据提示团队在产品设计中要考虑老年人的健康需求，团队可以通过更详细的数据分析了解老年人的具体需求，并参考竞品中是否已有成功的智能健康监测设备，从而更好地满足市场趋势和用户期望。这些辅助信息之间相互关联，协同作用，有助于提高团队对市场、用户和产品的全面理解。

与新媒体产品的其他概念一样，根据不同的分类标准，需求也存在多种分类方法，既可以根据需求来源和最终呈现方式进行划分，也可以根据用户需求满足程度与用户满意度的关系进行划分，还可以根据需求的性质进行划分。

用户需求是产品需求和业务需求的基础和源头。产品需求是基于用户需求和业务需求来定义的，它们将用户需求和业务需求转化为可执行的、具体的产品要求。产品需求的实现和满足最终能够实现业务需求，满足用户需求，从而实现商业目标和用户满意度。

第二节　新媒体产品需求调研

一、新媒体产品用户需求的调研方法

（一）基本需求调研方法

1.与客户交流

与目标用户进行面对面的交流是一种直接有效的方法。通过与他们的深入对话，了解其对社交媒体的期望和痛点。例如，通过与客户的交流，得知年轻的学生希望在应用方面能够提供更多的互动功能，而职业人士则强调隐私和数据安全的重要性。

2.文献调研

通过研究相关的文献、报告、调查和研究成果，了解行业趋势、市场需求和用户反馈等信息。例如，通过文献调查的相关数据，发现用户对个性化内容推荐和即时沟通的需求越来

越高，并且对广告干扰和隐私泄露的担忧也在增加。

3.参与用户调查

设计和实施用户调查问卷，通过收集用户的反馈和意见来了解其需求和偏好，以及对现有产品或服务的满意度和改进建议，通过定量和定性的数据分析，可以得出用户群体的共同需求和关键问题。例如，设计一份在线调查问卷，向广大用户群体征求意见，通过反馈得知用户最关注的功能包括实时消息、朋友圈分享和话题讨论等，以及界面简洁易用、个人数据保护和广告内容的相关问题。

4.与相关领域专家交流

与行业专家、领域内的从业者或顾问进行交流，借鉴其经验和观点。专家交流能够提供行业的最佳实践、前沿技术和未来发展趋势，从而帮助识别用户需求的未来方向。例如，专家分享了经验和见解，认为用户趋向于更多的视听内容、虚拟现实技术的应用，以及社交媒体与电子商务的融合等，这些见解提供了行业发展的前沿信息和创新思路。

（二）重点需求调研方法

1.用户反馈法

用户反馈法是一种重点需求调研方法，用于获取用户对产品或服务的评价、意见和建议。它的含义是通过直接向用户征求反馈和意见，以了解他们的需求、偏好和体验，从而改进和优化产品的设计和功能。

用户反馈法可以采用多种形式，包括但不限于以下方法。

（1）用户调查：通过问卷调查或在线调查收集用户的意见和反馈。可以设计针对特定主题或功能的调查问卷，让用户提供评级、评论和建议。

（2）用户访谈：与用户进行面对面或在线访谈，深入了解他们的需求、期望和体验。通过提问和倾听，获取用户的观点和反馈。

（3）用户测试：邀请用户使用产品或服务，并观察其在使用过程中的行为和反应。可以通过观察、记录和提问，收集用户的意见和体验。

（4）用户反馈渠道：建立用户反馈渠道，让用户能够方便地向团队提供反馈和意见。例如，通过电子邮件、在线表单、社交媒体等方式接收用户的反馈。

用户反馈法的目的是更好地了解用户需求和期望，从而进行产品改进和优化。通过收集用户反馈，可以发现产品的问题和瓶颈，了解用户的痛点和需求，为产品设计提供指导和灵感，提升用户满意度和体验。

需要注意的是，在收集用户反馈时，要保持开放和客观的态度，尊重用户的意见和建议，并将其作为改进产品的重要参考。同时，要考虑用户反馈的多样性，因为不同用户可能有不同的需求和观点，所以需要综合各种反馈意见来做出决策（图5-8）。

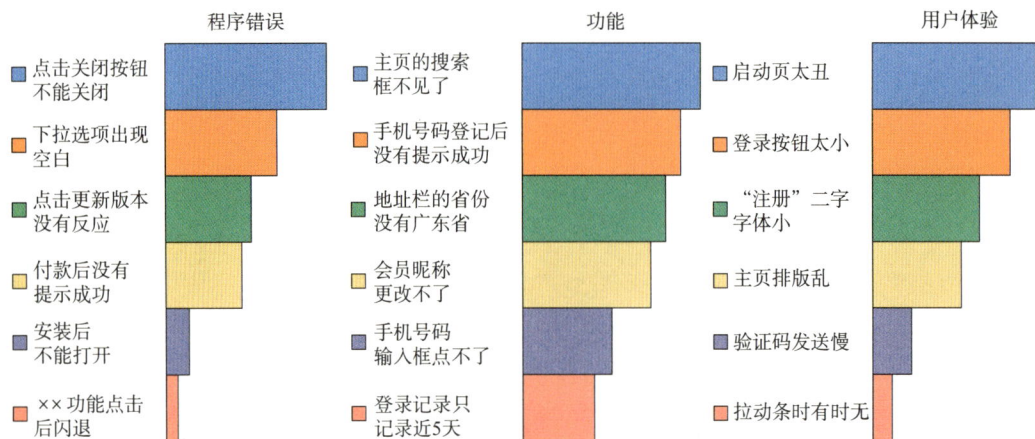

图5-8 产品上线后5天用户反馈信息的分布图❶

初期用户反馈信息，对于产品的稳定性、用户体验改进、功能需求发现、市场反应评估和用户参与感都有重要的意义。团队应该认真对待这些反馈，及时进行整理和回应，并将其视为产品持续改进的宝贵来源。

2. 需求卡片法

可以通过需求卡片法有效地采集卡片，确保设计能够满足用户需求，并能够在时间和资源上得到合理的控制。

需求卡片法的要点如下。

（1）设计目的明确的卡片：每个采集卡片应具有明确的设计目的或问题陈述，以引导用户提供相关信息。例如，可以使用卡片来收集用户对特定功能的建议或改进意见。

（2）使用清晰的标签和标题：为每个采集卡片提供清晰的标签和标题，以便用户快速理解并填写相关内容。标签和标题应简洁明了，准确描述所需的信息。

（3）多样化的采集卡片形式：采集卡片可以采用不同的形式，如文本输入框、单选按钮、复选框、滑块等，以适应不同类型的用户需求。多样化的采集卡片形式可以提供更灵活和全面的数据收集。

（4）用户友好的设计和界面：采集卡片的设计和界面应简洁直观，易于使用和填写。合

❶ 龙思思. 新媒体产品设计与项目管理［M］. 北京：中国人民大学出版社，2021.

理的布局和可视化元素可以提升用户的参与度和满意度，减少用户填写时的困惑和犹豫。

（5）提供附加意见的空间：除了特定问题的答案，采集卡片还应提供附加意见的空间，让用户自由表达其他相关想法或建议。这样可以捕捉到更多细节和用户的个性化需求。

（6）数据分析和整理：采集卡片收集的数据应进行分析和整理，以提取关键信息和趋势。这有助于识别用户需求的优先级、共同点和差异，为后续的产品设计和改进提供依据。

设计需求是基于对用户需求、业务目标和技术限制等因素的理解和分析，用于指导设计过程并满足利益相关者的期望。明确的设计需求有助于确保设计过程的目标一致性，并提供一个明确的参考框架，以便设计团队能够开展相应的工作。

用户需求卡片工具是一种常用的方法，用于收集和整理用户需求的信息。它可以帮助团队在产品设计和开发过程中更好地理解用户的需求、期望和痛点，并将其转化为可操作的产品要求。

需求的采集工作并不只是产品经理的工作，开发人员、测试人员、运营人员、客服人员甚至老板，都有可能根据自己的工作需求或者在与用户打交道时收集到不同来源的需求。为了便于产品经理对需求进行统一有效的管理，就需要采用统一的需求采集文档，即单项需求卡片。

用户需求卡片可以通过卡片形式，将用户需求可视化，使团队成员更容易理解和掌握需求信息。通过分类、排序和更新需求卡片，可以更好地管理和跟踪需求的状态和进展。通过设置优先级和进行需求权衡，确保团队在资源有限的情况下专注于最重要和紧急的需求。通过使用需求卡片实现高效协作。

用户需求卡片可以以物理卡片或电子形式存在。团队可以在工作坊或会议中使用卡片工具，将各个用户需求整理、分类和优先排序，这有助于促进团队成员之间的共识和沟通，并为后续的产品设计和开发提供参考。此外，用户需求卡片工具也可以与其他工具和方法相结合，如用户故事地图、用户画像和用户旅程地图等，以全面了解用户需求，并将其纳入产品规划和设计过程中。

3.单项需求卡片

单项需求卡片一般由需求采集人员填写，内容包括需求编号、需求类型、需求来源、提出场景、需求描述、需求提出原因、需求验收标准、需求重要性权重、需求生命特征、需求关联、参考资料和竞争者对比。

（1）需求编号：为每个需求分配一个唯一的标识编号，如REQ001、REQ002等，用于跟踪和引用需求。

（2）需求类型：指明需求的具体类型，如功能需求、性能需求、用户界面需求、可靠性需求等，这有助于在需求管理过程中对需求进行分类和分析。

（3）需求来源：记录需求的来源，可以是用户反馈、市场调研、业务需求等。这有助于追踪需求的来源，了解需求的背景和动机。

（4）提出场景：描述需求被提出的具体场景或背景。例如，用户在使用产品时遇到的问题或需求的背景故事。这有助于团队更好地理解需求的上下文和重要性。

（5）需求描述：对需求进行清晰、简明的描述，涵盖需求的具体内容、功能和特性等方面的要求。描述应尽量具体、明确，避免歧义。

（6）需求提出原因：解释为什么这个需求被提出，阐明背后的目的和目标。例如，需求的背后可能是提高用户体验、满足市场需求或解决特定的业务问题。

（7）需求验收标准：定义需求满足的标准或条件，以便在开发过程中进行验证和测试。这可以是具体的度量指标、功能规范或用户满意度要求。

（8）需求重要性权重：对需求的重要性进行评估和权重分配，以帮助确定需求的优先级和资源分配。这可以是定量的评估，如基于业务价值或客户优先级的打分。

（9）需求生命特征：描述需求的生命周期特征，如需求的时效性（截止日期）、持续性（是否长期需求）等。这有助于团队对需求进行时间和资源规划。

（10）需求关联：指明需求之间的关联关系，如依赖关系、冲突关系等。例如，某些需求可能依赖其他需求的完成或与其他需求存在冲突。这有助于识别和解决需求之间的依赖和冲突。

（11）参考资料：提供相关的参考资料、文档或资源，以支持对需求的理解和实现。这可以包括用户调研报告、竞争分析、市场趋势等。

（12）竞争者对比：与竞争对手的产品或服务进行比较，分析他们在该需求方面的优势和劣势。这有助于团队确定差距，并提供改进和创新的方向。

通过详细记录和描述这些信息，用户需求卡片工具可以帮助团队准确把握用户需求，明确目标和要求，提供清晰的指导和参考，从而更好地设计和开发出符合用户需求的产品（表5-3）。

表5-3　单项需求卡片模版 ❶

需求编码（可由需求人员编写）	需求类型（可由需求人员编写）
包含"采集时刻+采集者"信息	功能需求、非功能需求
来源（Who）（重要信息、方便追根溯源）	

❶ 苏杰. 人人都是产品经理（纪念版）[M]. 北京：电子工业出版社，2014：75.

需求编码（可由需求人员编写）	需求类型（可由需求人员编写）
产生需求的用户：最好有该用户的联系方式等信息 用户背景资料：受教育程度、岗位经验以及其他与本单项需求相关的经验	
场景（Where & When）（重要信息、用来理解需求发生的场景）	
产生该需求的特点的时间、地理、环境等	
描述（What）（最重要的信息）	
尽量用主语＋谓语＋宾语的语法结构，不要加入主观的修饰语句	
原因（Why）（需求人员要保持怀疑的心，很多时候理由是假想出来的）	
为什么会有这样的需求，以及采集者的结算	
验收标注（How）	需求重要性的权重（How much）
（如何确认需求被满足了） 1.尽量用量化的语言 2.无法量化的举例解释	满足后（"1：一般"到"5：非常高兴"） 未满足（"1：略感遗憾"到"5：非常失望"）
需求时间特征（When）	需求关联（Which）
1.需求的紧急度 2.时间的持续性	1.人：和此需求关联的任何人 2.事：和此需求关联的用户业务和其他需求 3.物：和此需求关联的用户系统、设备，需求关联的其他产品等
参考资料	竞争者对比
在需求采集活动的输入材料，只要引用一下，能找到即可	按照"1分：差"到"10分：好"进行评估 1.竞争者对该需求的满足方式 2.用户、客户对竞争者及公司在该需求上的评估

4. 用户情境化设计

用户情境化设计可以更好地理解用户的需求，并将其转化为可操作的产品要求。通过观察用户的行为、情感和需求，可以收集到更准确、全面的用户需求信息。用户情境化设计的步骤如下。

（1）理解阶段：设计团队致力于深入理解用户的需求、目标、行为和环境。在这个阶段，关注用户的心理和情感需求，以及用户与产品或服务的互动过程。将自己沉浸在用户生活中，通过实地考察、分析数据、建立模型来展示整个市场的总体状况。

（2）设计阶段：将用户的需求和情境融入设计过程中，通过用户旅程图、用户故事板、情景模拟等工具和方法，设计出符合用户需求和情境的产品或服务。利用该模型驱动设计构思，基于用户数据创造新产品概念。

（3）评估阶段：通过用户测试、原型验证和反馈收集等方法，获取用户对设计方案的意见和建议，并进行分析和总结。根据用户反馈和评估结果，进行必要的调整和改进，以不断优化设计方案，提供更好的用户体验和满足用户的情境需求。深化产品概念设计，包括具体的用户界面和行为，并通过用户验证和迭代。

用户通过结合情境理解和需求管理，团队可以更好地理解和管理用户需求，从而在产品设计和开发过程中提供更有针对性和符合用户期望的解决方案。这有助于提高产品的竞争力、用户满意度和市场份额。用户情境化设计的作用如下。

（1）用户使用情境化设计可以帮助设计团队深入了解用户的需求和工作环境，从而提供更有效的解决方案和改进设计。

（2）情境设计是通过可视化用户在特定情境中的行为和需求，促进设计团队对问题的理解，并为设计提供指导的工具和方法。相关概念包括用户需求分析、用户行为观察和设计改善。

二、新媒体产品设计需求分析流程

（一）新媒体产品需求分析的原则

需求分析就是一个从用户需求出发，最终将其转化为产品需求"从0到1"的过程。这一过程一般包含四个步骤，即发现需求、管理需求、评估需求、形成需求解决方案。在形成解决方案的思考原则中通常会关注可用性、用户特征、使用场景、用户任务和用户流程五种因素。UCD即User Centered Design，译为"以用户为中心的设计"，UCD的核心思想非常简单，即在开发产品的每一个环节，都把用户列入思考范围。UCD从产品规划时就考虑用户需求，并将其纳入整个产品周期。通过用户调研等方法来记录完善这些需求，包括场景调查、原型测试、可用性测试、卡片分类、图表等其他方法。另外，可以通过仔细分析竞品的设计模式来推断用户需求。但本书出于篇幅不再作过多的阐述。

需求分析是一个系统性的过程，如图5-9所示。

（二）新媒体产品设计需求分析的步骤

1.明确用户场景

用户、场景和问题是需求的三要素，也可以视为对需求进行的明确描述，即该需求是解决什么用户在什么场景下遇到的什么问题。

在需求分析中，明确用户场景定义是指详细描述和理解用户在特定情境下使用产品或服

需求分析　　用户　　行为

开始

收集需求　　沟通　　整理、分类

理解需求

分析需求

明确需求的功能、界面等

过程

需求规格化

需求文档、需求规范

评估优先级　　用户价值、业务价值　　确认事件重要性、紧迫性

验证和确认需求

管理变更　　达成共识

文档化和传递　　传递　　确保　致性

结束

持续性迭代和改进

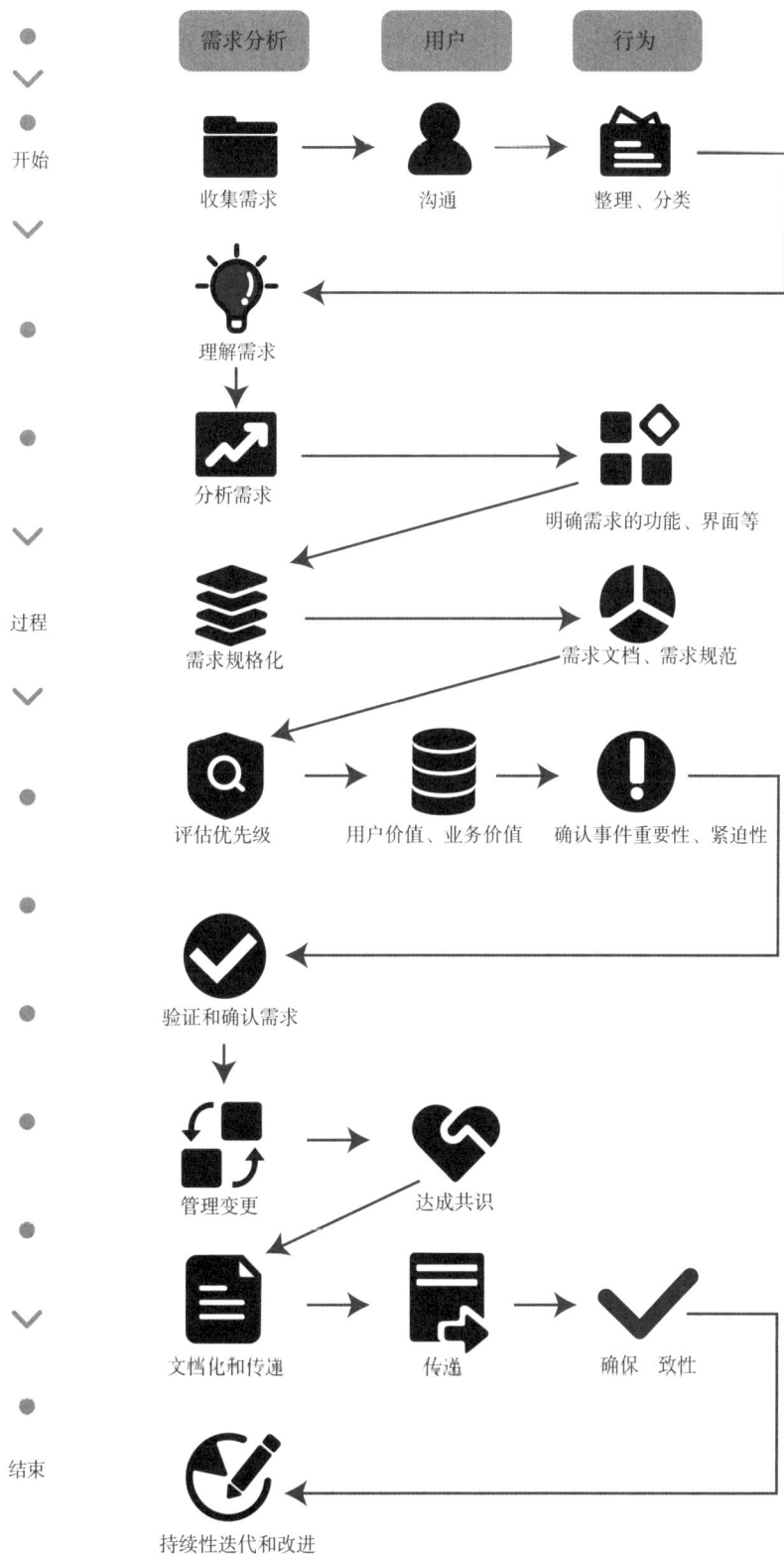

图5-9　需求分析步骤

务的行为、需求和期望。它涉及确定用户的角色、目标、环境、情绪和行为等方面，以便更好地理解用户的需求并设计相应的解决方案。

通过明确用户场景定义，可以帮助团队更准确地把握用户需求，深入了解用户在不同情境下的行为和体验，从而更好地设计和优化产品。这可以通过用户研究、用户访谈、用户故事、用户情境地图等方法来收集和分析用户场景信息。

明确用户场景定义的优势如下。

（1）深入理解用户需求：通过详细描述用户在不同场景下的行为和需求，可以更准确地把握用户的期望和挑战，从而有针对性地满足其需求。

（2）强化用户导向的设计：通过对用户场景的深入理解，可以将用户置于设计的核心，将设计决策与用户需求相符，提供更好的用户体验。

（3）发现潜在问题和机会：通过观察和分析用户在不同场景下的行为，可以发现潜在的问题和机会点，为产品改进和创新提供指导和方向。

（4）促进跨部门合作：明确用户场景定义可以帮助不同团队和部门之间形成共同的理解和语言，促进协作和沟通，提高工作效率。

案例

用户场景是产生需求的时间、地点与行为。场景是真实存在的，不是产品设计者臆想出来的（图5-10）。

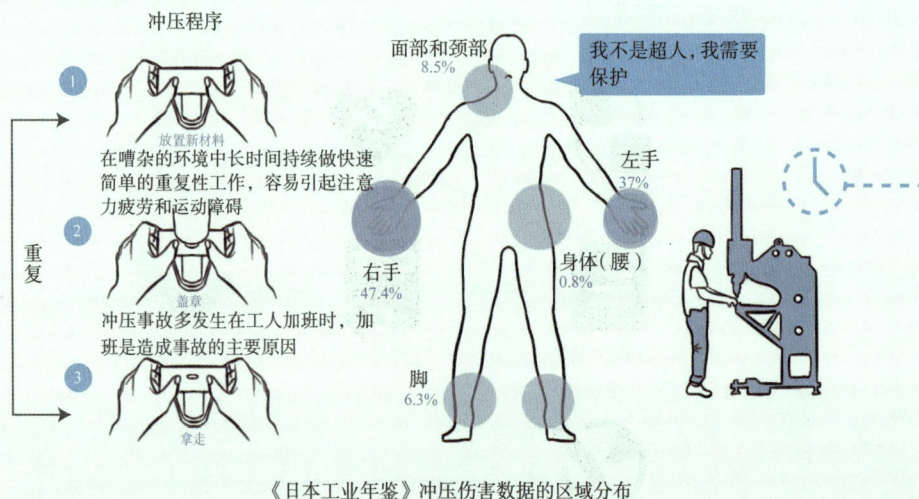

图5-10　用户场景图

Tox Touch是一种创新性穿戴设备，用于保护冲压工人的安全。它包括食指和大拇指的手指套以及带有显示屏和光电传感器的智能手环。该设备利用手指套上的红外发射器与冲压机器上的红外接收器进行信息传递，确保工人在安全范围内工作。

Tox Touch通过红外技术创建了一个被称为"危险区"的虚拟球体空间，红外接收器置于手指套上端并与机器计算机连接。当工人的手进入危险区时，机器立即停止，并发出警告，以防止事故的发生（图5-11）。

用户场景或情境描述包括两方面。

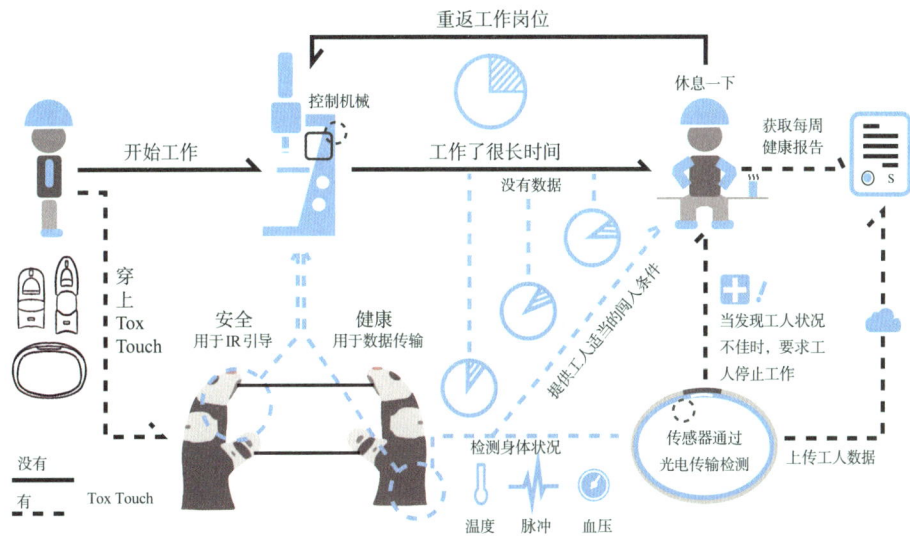

图5-11　抽象实际情景图

1.实际情境的描述

实际情境又称直观情境，可以分成静态情境（全局情境）和动态情境。图5-10再现了人在操作机器时的场景，提示并告诉观众研究对象是如何与机器进行接触，可以看到操作者的整个身体，头上戴着安全帽，身体与机器平行和垂直，从头至脚与机器的距离，这个距离是重要信息。而动态情境通过连续的操作性的说明交互的过程，更详细地说明了设计问题。

2.抽象和提炼实际情境

（1）赋予情境一定的想象性来阐述问题。图5-10使用了"达·芬奇《维特鲁威人》"的方式呈现人体特征，并添加了"我不是超人，我需要保护"的对话框，通过工人与超人的对比，让人理解这时作为一个普通人所面临的困难。"超人"的语意，并不在实际情境中，但是为了突出和加强操作的"危害性"信息，需要在描述情境时抽象和提炼实际情境去表达，并突出了设计问题。

（2）数据结构化情境。情境是为了反映问题的，并不是所有的情境都要表现。但是直观的情境也并不能让所有人理解问题到底在哪里，所以图5-11不仅是抽象了实际情境，同时还提炼了情境，将人体容易受伤的部分，如头颈、身体（腰）、双手和双脚的受伤概率呈现出来，可视化信息中，不仅反映了人会受伤，还把人体受伤的概率双手>头颈>双脚>身体（腰）表现出来，从而把"人机操作可能会导致人体受伤"这一问题进行了更细一步地细化来说明设计问题。

2.问题分解

在需求分析中，问题分解是将整体需求细化为更小、更具体的子问题或任务的过程。它有助于更好地理解和识别系统或产品的各个方面，并为后续的设计和开发提供指导。在明确了用户、场景和问题后，就可以进入问题分解及头脑风暴环节。在HMW方法中，问题分解和头脑风暴可以从五个方面切入，分别是否定、积极、转移、脑洞、分解（表5-4）。

表5-4 "在线购物体验"HMW问题分解表

问题分解思维	概念	HMW（案例）
否定（How Might We Not）	用于挑战当前假设或常规做法，以否定已有的观点或方法。通过提出否定的问题，可以打破思维定式，寻找创新的解决方案	如何消除在购买前创建账户的需求
积极（How Might We）	用于积极地提出问题，探索如何改进或解决现有的挑战。通过积极的问题表述，可以引发思考和讨论，促使团队集中精力解决问题	如何简化结账流程，使其更加友好和高效
转移（How Might We Transfer）	用于转移问题的视角，从一个领域或行业到另一个领域或行业。通过将问题与其他领域或行业的经验相结合，可以找到新的灵感和解决方案	如何将实体店购物的便利性和个性化应用到在线购物体验中
脑洞（How Might We Dream）	用于放飞想象，提出大胆的设想和创意。通过脑洞式的提问，可以激发创新思维，探索可能的未来和突破性的解决方案	如何利用增强现实技术，让用户在购买前可以虚拟试穿衣物
分解（How Might We Break Down）	用于将复杂的问题分解为更小、更具体的子问题。通过将问题分解为可管理的部分，可以更好地理解和解决各个方面的挑战	如何根据用户的喜好和浏览历史改进产品推荐，或者如何简化产品搜索流程，帮助用户更轻松地找到他们想要的商品

通过应用这些不同的切入点，团队可以全方位地思考问题，并产生创新的解决方案。同时，问题分解和头脑风暴过程中的讨论和思考也有助于深入理解用户需求，并找到满足这些需求的设计方向。

3. 用户旅程图

用户旅程图是从用户的角度使用产品或服务，并将这个过程用叙述和视觉的方法进行描述，从多个角度识别痛点和机会，以便有针对性地进行改进[1]。

（1）用户旅程图展示用户使用产品的全过程，包括行动、想法和情绪。行动是具体的、可视的，它能够完整地描述过程，如果某一个步骤缺失，就意味没有完全掌握用户到底在如何使用产品的信息；想法是对应所有行为的，能够反映出用户的满足度（如非常喜欢某个功能，什么样的设计让用户觉得惊喜），能够听到用户提出的需求或者远景、给予的改进建议，

---

[1] 沈吕婷，梁燕，李安娜. 基于用户旅程图的快时尚品牌服务设计优化研究［J］. 服装设计师，2021（12）：116-125.

以及加强对行动细节的描述或者提醒。用户旅程情绪是用户的感受。想法往往能揭示其情绪产生的原因，带有一定的所指。

（2）对于痛点的分析至关重要。在设计需求过程中，痛点是用户在使用产品或服务时所遇到的问题、困难或不满之处，它们是用户需求的核心驱动因素。通过深入理解和分析痛点，可以将其转化为具体的设计需求，以满足用户的期望并提升用户体验。通过深入理解和转化痛点为需求，设计团队可以将用户需求作为驱动力，以用户为中心设计产品或服务，从而产生了设计需求。

如何寻找痛点，除了让用户说出来，还可以从用户的生理和心理特点入手，越是负面的情绪和负面的生理困难，越说明使用产品矛盾的焦点，非常值得关注。心理特点往往是其心理感受，反映了如焦虑、恐慌、自卑等感受，而生理体验强调人体自然的特点，如出汗、神经敏感等特点，可以通过分析用户的心理和生理行为，提炼出相应的设计需求。

（三）新媒体产品设计中建立需求池

1.什么是建立需求池

建立需求池是指在一个集中的位置或系统中收集、记录和管理所有的需求。构建需求池是为了将系统的业务需求汇聚成总集，从而形成该系统中产品或业务支撑功能的全景资源池❶。需求池是一个用于集中存储和跟踪需求的仓库，旨在确保所有的需求都能够被完整地捕捉、分析和跟进。通过各种途径，如用户反馈、市场调研、竞争分析等，收集来自不同来源的需求，包括功能需求、性能需求、用户体验需求等各类需求。建立适当的沟通渠道和机制，包括会议、文档、工具平台等有效的需求沟通渠道，确保需求的共享和理解，团队成员能够更好地理解和落实需求。

2.建立需求池的意义

建立需求池有助于组织和管理需求，使团队能够更好地了解和满足用户和业务的需求。它也为产品规划、开发和优化提供了基础和依据。通过有效地建立需求池，可以提高团队的工作效率、降低需求遗漏和冲突，并最终实现用户和业务的满意度。产品团队需要对单项需求卡片收集上来的用户需求进行全面的了解，并通过头脑风暴等多种方式，提出这些用户需求的可能解决方案，这些解决方案就是产品需求。例如，用户需求是"删除数据之前需要我确认，以免误删"，对应的可能的产品需求是：①弹窗确认：在执行删除操作时，弹出一个确认对话框，明确询问用户是否确定要删除数据。这个对话框应清晰地表达"这将删除您的

❶ 彭昊. 需求管理在敏捷开发中应用方式的思考［J］. 中国金融电脑，2021（1）：76-79.

数据，您确定吗？"的信息，同时提供"是"和"否"两个按钮，让用户明确选择。②明确的按钮标签：在确认对话框中，使用清晰、明确的按钮标签，例如，"确认删除"和"取消"。这样可以帮助用户更容易理解每个选项的含义，降低误操作的可能性。③可逆操作提示：在删除操作前，向用户解释该操作的可逆性。例如，提供类似"您可以在回收站中找回已删除的数据"这样的信息，让用户知道即便误删，他们仍有机会进行恢复。④明显的警告标识：在删除按钮或相关操作附近使用醒目的颜色或警告标识，以引起用户的注意。这有助于在用户执行操作前提醒他们，降低错误删除的可能性。⑤二次确认：如果可能，考虑引入两个阶段的确认。例如，首先要求用户点击删除按钮，然后弹出确认对话框。这样的设计增加了用户的主动参与性，降低了误操作的概率。用户需求经过产品团队转化后成为产品需求，并进入需求池进行统一管理，因此可将需求池视为容纳产品需求的容器或数据库。建立需求池，既可以防止需求因条件不成熟暂时未能优化却被遗忘，也可以为产品新版本的迭代优化提供参考。

3.需求池的格式

需求池的格式可以根据具体需求管理的要求和团队的偏好而有所不同。以下是一些常见的需求池格式。

（1）电子表格格式：使用电子表格软件（如Microsoft Excel、Google Sheets等）创建需求池是最简单和常见的方法之一。可以创建多个列来记录需求的不同属性，如需求ID、描述、优先级、状态、责任人、截止日期等，每一行代表一个需求。

（2）项目管理工具格式：许多项目管理工具（如JIRA、Trello、Asana等）提供了特定的需求管理功能。可以创建需求卡片或问题，并为每个需求设置不同的属性、状态和优先级。这些工具通常还提供评论、附件和时间追踪等功能，以便团队成员进行协作和跟踪。

4.自定义应用程序格式

如果需求较为复杂或特定，可以开发自定义的需求管理应用程序或使用现有的需求管理工具。这样可以根据团队的需求和流程定制需求池的格式和功能，使其更加适应需求管理过程。

不论使用哪种格式，重要的是确保需求池具备足够的灵活性和可定制性，以满足不同类型的需求，并能够提供必要的属性和功能来记录、跟踪和管理需求的各个方面。

需求池可以提供一个集中化的存储库，用于收集、记录和管理所有的需求。这使所有的需求都能够在一个统一的地方进行跟踪和管理，减少了信息分散和丢失的风险。并且通过需求池，可以清晰地跟踪每个需求的状态、进度和责任人。这提供了透明度和可追溯性，团队成员和利益相关者可以随时查看需求的情况，确保所有人了解需求的状态和进展。需求池可以帮助团队进行需求管理过程的持续改进。通过收集反馈、评估需求执行情况和分析数据，可以发现潜在的问题和改进机会，进而优化需求管理的效率和质量。

总的来说，需求池为团队提供了一个集中、可追溯和透明的需求管理平台，促进了团队的协作和决策，提高了需求管理的效率和质量。

三、新媒体产品需求管理与需求转化

（一）KANO模型分析法与用户满意度分析

1.KANO模型分析法

KANO模型是在弗雷德里克·赫茨伯格（Frederick Herzberg）双因素理论的背景下，由东京理工大学教授狩野纪昭（Noriaki Kano）提出的[1]。它是用户需求分类和优先级排序的有用工具。KANO模型可以将产品特性与用户满意度结合起来，有效地提高产品（系统）的质量和服务水平。该模型是一种将服务质量的无形属性显性化的评价方法。下面通过方法讲解，并结合案例一起来深入了解KANO模型。

KANO模型不但是需求的分类依据，也是判断需求是否靠谱的重要方法之一，还是需求优先级排序最常用的方法之一。KANO模型主要是对用户需求分类和排序，通过分析用户对产品功能的满意程度，对产品的功能进行升级，从而确定产品实现过程中的优先级。模型实施的主要形式是通过问卷进行调研完成的。

KANO模型根据用户对功能的优先级别，将功能划分为五个属性，即基本型需求、期望型需求、兴奋型需求、无差异需求、反向需求。

KANO模型是一种用于分析用户需求和用户满意度的工具，它通过识别和分类不同类型的需求，帮助产品团队了解用户对产品特征的感受和期望，以更好地满足用户需求。

除了基本型需求、期望型需求和兴奋型需求外，后来的学者还对此模型进行了拓展，在原有模型的基础上新增了两类用户需求，分别是无差异需求和反向需求。通过使用KANO模型进行用户满意度分析，产品团队可以更好地了解用户需求，并在产品设计和开发过程中作出明智的决策。通过满足基本要素和期望要素来确保产品的基本可用性和功能性，同时通过激励要素来创造附加价值。这有助于提高产品的市场竞争力，增强用户满意度和忠诚度（图5-12）。

---

[1] Noriaki Kano，Fumio Takahashi. Attractive Quality and Must-be Quality [J]. ICQCC，1979，14（2）：39-48.

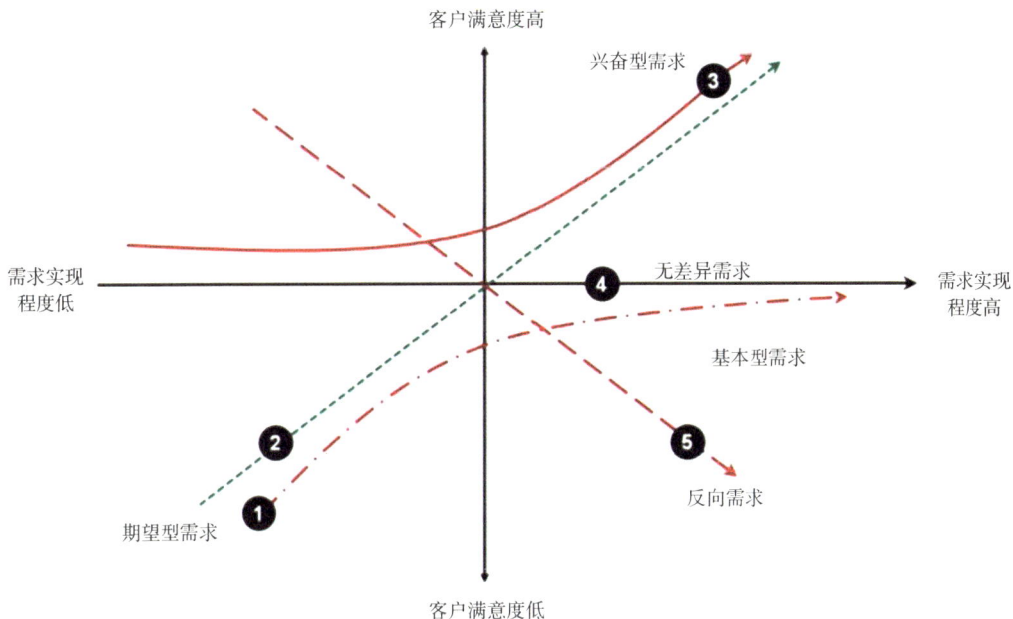

图5-12 KANO模型五种需求关系示意图

KANO模型的五种需求关系图用于描述不同类型的需求与用户满意度之间的关系。通过对需求进行分类，团队可以更好地理解用户对产品或服务的期望，并确定优先满足哪些需求，从而提高用户满意度和产品的市场竞争力。在KANO模型中，基本型需求是用户的最低期望，期待型需求是用户明确表达的需求，而兴奋型需求是超出用户预期的能够带来惊喜和高满意度的需求。对这些需求进行分析，有助于团队确定产品的关键特性，从而制定更具有竞争力的产品策略（表5-5）。

表5-5 三种类型的需求

分类	定义	重要性
基本型需求	指用户对产品或服务的最基本要求和功能，是用户使用产品或服务的核心目的。这些需求是用户满足基本功能、解决问题或达成目标的基础	★★★★
期望型需求	指用户对产品或服务的期望和期待，超过了基本要求。这些需求可能涉及用户希望产品具有更好的性能、更高的质量、更便捷的使用体验、更丰富的功能或更好的服务	★★★
兴奋型需求	指用户对产品或服务的创新、独特和令人惊喜的期望。这些需求超出了用户的基本期望和预期，带来额外的价值和乐趣。兴奋型需求通常与产品或服务的差异化特点、创新功能、设计上的亮点或出人意料的特性相关	★★

微博是中国最大的社交媒体平台之一，以实时短文本消息为主要形式，用户可以通过文字、图片、视频等形式分享信息和内容，关注其他用户并与他们互动。目前，微博用户数量已经达数亿，用户遍布全球，覆盖了广泛的年龄段和兴趣群体。作为一个具有庞大用户基础和多样化功能的社交媒体平台，需要不断创新和改进以满足用户的需求，并为用户提供丰富的互动和内容体验。

使用KANO模型对微博的需求进行分类。

（1）基本型需求：能够实时发布文本、图片、视频等多种类型的内容；能够关注其他用户，并查看其发布的内容；可以在微博上进行评论和转发。

（2）期望型需求：能够看到最新的新闻资讯和热门话题；具有良好的用户界面和易用性，方便用户浏览和操作；内容能够以个性化推送的方式呈现，根据兴趣和关注定制内容。

（3）兴奋型需求：提供更多有趣的互动功能，如投票、直播等，增加使用乐趣和趣味性；提供更丰富的社交功能，如组织活动、线上交友等，增强社交体验；提供个性化的表情包和贴纸，增加沟通的趣味性和表现力。

2.用户满意度分析

用户满意度分析是通过调查、问卷、焦点小组讨论等方法，了解用户对产品或服务的感受和看法，评估用户对产品或服务的满意度。这个分析可以帮助企业或组织了解用户需求和偏好，找出问题和改进的空间，提高产品或服务的质量和竞争力。用户满意度分析是一种评估用户对产品或服务满意程度的方法，旨在了解用户对产品的体验和表达对产品的喜好或意见。通过进行用户满意度分析，企业可以获得宝贵的反馈信息，从而改进产品设计、提高用户体验并增加用户忠诚度。

在进行用户满意度分析前，应先看看一些常见的客户需求，再从以下维度对用户满意度进行调研。

（1）价格（Price）。客户希望购买适合其预算的产品或服务，希望价格能直接反映产品的价值和质量。但产品的价值也由无形因素决定，如品牌的感知价值和整体客户体验。事实上，如果可以获得更好的客户体验，大部分客户愿意支付更多费用。

（2）功能（Function）。产品或服务应该能够解决客户的问题，客户期望产品具有某些功能或特性。例如，如果客户购买电脑是准备玩游戏，那么他对电脑的期望是快速的中央处理器（CPU）、强大的显卡和大量的存储空间。功能又可以分为三个要素：①完整性。产品或服务是否具备用户所需的全部功能，是否满足用户的使用场景和需求。②易用性。产品的功能是否易于理解和操作，是否符合用户的使用习惯，是否提供了友好的用户界面。③实用性。产品的功能是否实用且有效，是否能够帮助用户解决实际问题。

（3）可用性（Usability）。被定义为一种用来衡量界面好用程度的属性，一般取决于以下五个要素：①可学习性（Learnability）。初次接触这个设计时，用户完成基本任务的难易程度。②效率（Efficiency）。用户能多快完成任务。③可记忆性（Memorability）。当用户一段时间没有使用产品后，是否能马上回到以前的熟练程度。④出错（Errors）。用户能否从错误中恢复。⑤满意度（Satisfaction）。用户对产品的主观满意度。

（4）可靠性（Reliability）。产品必须能够随着时间的推移始终如一地执行其功能，而不会出现故障。可靠性也可以定义为"随时间变化的质量"。生产可靠产品的公司将拥有良好的声誉和高水平的客户满意度。可靠性又可以分为两个要素：①稳定性。产品或服务是否能够稳定运行，是否容易崩溃或出现故障。②容错性。产品或服务是否具备容错能力，是否能够自动修复错误或避免用户的操作失误。

（5）支持（Support）。客户渴望良好的客户服务。他们希望通过自己选择的渠道联系客户支持，以获得快速、个性化的响应，并得到同理心的对待。在购买软件运营服务（SaaS）解决方案时，糟糕的客户体验与客户流失直接相关。

（6）安全性（Security）。当客户通过数字渠道进行交互时，希望确保他们的交易安全、个人数据受到保护、信息不会丢失。可靠性又可以分为三个要素：①数据安全。产品或服务是否能够保护用户的个人数据和隐私，是否具备数据加密和访问控制等安全措施。②网络安全。产品或服务是否具备防御网络攻击和恶意代码的能力，是否能够保障用户在使用过程中的网络安全。③用户安全。产品或服务是否能够提供身份认证和用户权限管理，确保只有合法用户可以访问和使用。

（二）需求转化

需求转化是指将用户的需求和业务需求转化为具体的产品或服务功能和特性的过程。在需求转化过程中，将抽象的需求描述转化为具体的设计方案、功能规格和系统需求，以便开发团队能够理解和实现这些需求。这包括对需求进行分析、拆解、细化和优先级排序，以及将其转化为设计文档、原型或其他形式的规范和指导材料，为产品开发和实施提供指导和依据。需求转化可确保需求从概念阶段逐步细化为可实施的解决方案，以满足用户和业务的期望和要求。

用户的需求往往是比较宏伟的，他们提供了一个伟大的"远景"，这个"远景"在软件中是多个功能多个交互实现的需求转化的方式，可以有如下思路（图5-13）：

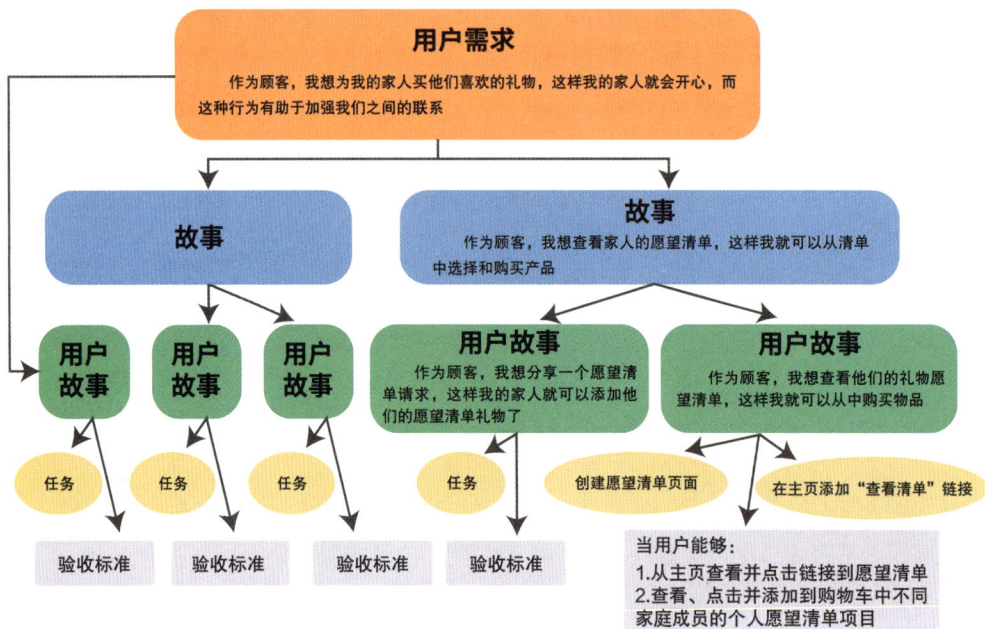

图5-13 用户需求的转化思路图（笔者参考相关图片自绘）

（1）分解"远景"。把这个伟大的"远景"分解成比较小的一些"故事"，产生和实际生活、步骤等的联系，说明他们"远景"中所包含的想法。

（2）"任务"具体化。把用户的想法变成具体的任务，可以有具体的软件功能与之对应。

（3）寻找用户完成目标的链接点。可以检测用户的目标是否达成。

需求转化的意义是将高层需求转化为具体的功能和特性，从而帮助团队更好地理解和实现用户需求，确保最终产品能够满足用户的期望和预期。由此可见，需求转化在软件开发和产品设计过程中扮演着重要的角色。

通过需求转化，团队能够将用户需求转化为具体的产品功能。这样一来，在产品开发过程中，团队将更加关注用户需求，确保产品最终能够与用户期望一致，从而提高用户满意度。

需求转化使团队能够对产品进行更详细的设计和规划。通过逐步细化需求，团队可以更好地优化产品的设计，提高产品的可用性、易用性和功能完整性。

一旦需求转化完成，产品团队就可以开始具体的设计和开发工作。他们将根据需求转化后的具体任务，展开产品设计和技术开发。这个过程中，团队需要紧密协作，确保每个需求都正确实现，同时保持团队的灵活性，以应对可能出现的需求变更和新的挑战。需求转化并非一次性完成的过程，而是一个动态的过程。随着项目的进行和用户反馈的收集，团队需要不断地调整和优化需求，确保产品持续地满足用户的需求和市场的变化。因此，需求转化不仅是一个关键的项目阶段，也是一个持续改进和迭代的过程，其为产品的持续成功提供了坚实的基础。

结语

　　本章深入研究了设计需求管理的重要内容和技能目标。首先介绍了马斯洛需要层次理论，强调了用户需求作为产品或服务开发的核心驱动力的关键性。了解用户的需求是成功设计和开发的基础，因此在整个过程中保持对用户需求的敏感性至关重要。同时，对需要、欲望和需求之间的关系进行了深入的讨论，认识到满足用户需求不仅是提供产品或服务，更是关注用户深层次的期望和愿望，以提供更有价值和有意义的体验。

　　本章还介绍了在需求分析过程中的一些重要工具和方法。KANO模型有助于全面地了解用户对产品功能的满意程度和期望，用户满意度测量方法为评估产品或服务的效果提供了有效的手段。为了更有效地进行项目管理和满足用户需求，讲解了设计需求管理的概念和原则，了解需求分析的基本原则和方法对于项目的重要性。同时，深入研究了需求识别、收集、分析和规划的技巧，包括使用用户地图等工具来更好地理解用户的期望和行为。通过学习这些知识，能够更精确地捕捉和理解用户需求，为项目的成功实施奠定坚实的基础。

第六章

新媒体产品结构与原型设计

当下新媒体市场的动态性和用户需求的多样性要求团队应更注重产品结构与原型设计的深入了解和优化。通过清晰的产品结构和原型设计，团队能够更迅速地进行产品迭代，提高产品的敏捷性和灵活性，从而提高产品的竞争力，加速产品上线速度，并更好地适应不断变化的市场环境。

知识目标

了解信息架构的设计思维和方法，了解线性结构、层级结构、自然结构、矩形结构，了解系统服务蓝图，了解原型设计工具和软件的使用，了解卡片分类法。

理解层级结构及其中的父级和子级关系。

理解流程图设计，提升全局思维。

理解泳道图，通过泳道图了解参与者在流程中的活动和交互。

能力目标

能够掌握系统服务蓝图、信息结构图和卡片分类法。

能够进行信息架构设计，组织和分类产品内容，确保用户能够轻松找到所需信息。

能够进行新媒体产品的结构设计，包括信息架构、用户界面设计等。

能够使用原型设计工具创建交互式原型，展示产品功能和流程。

思政目标

培养学生对新媒体产品设计的社会责任意识，注重用户隐私和信息安全。

培养学生对新媒体传播的价值观和社会影响的思考能力。

培养团队合作和沟通能力，推动产品设计过程的协调和顺利进行。

本章重点

新媒体产品的结构类型和构建。信息架构设计的思维和方法，建立清晰的产品结构和体系。原型设计工具的使用和原型制作。

理解层级结构其中的父级和子级关系。

理解流程图设计。

本章难点

如何通过不同的产品结构方法进行有效的用户研究，了解不同用户群体的需求和行为。如何确定产品的核心功能，以满足不同用户对功能的个性化需求。如何使用原型设计工具高效地创建交互式原型，展示产品功能和流程。

第一节　新媒体产品结构

产品的结构是将抽象的、分散的需求，整合成用户可见、可理解的产品形态的重要线索，因此它决定需求对应的功能在用户面前呈现的模式和顺序，内容包括要展示哪些信息、不同信息或功能之间的关系、用户在执行任务时需要按照怎样的路径进行操作等。这些不同的信息或功能，可被视为产品结构中的节点。最常见的新媒体产品结构，也就是节点的联系方式，有线性结构、层级结构、矩阵结构和自然结构四种。

一、线性结构

线性结构（Sequential Structures）指功能或信息以一种有向线性的方式进行联结的结构，同一个线性结构上的信息或功能节点按固定的顺序依次出现。线性结构中，每一步都只有一个出口和一个入口，用户只能沿着"一条线"不断前进，在当前页面要么返回，要么进行下一步。常见的线性结构适用场景包括用户注册、网上支付等单一需求任务。在新媒体产品中，线性结构是一种常见的产品结构类型。线性结构的特点是用户按照固定的顺序逐步浏览内容，无法自由跳转或选择非线性路径（图6-1）。

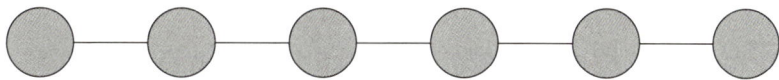

图6-1　线性结构示意图

二、层级结构

层级结构（Hierarchical Structure）也称树状结构或中心辐射（Hub-and-Spoke）结构，指功能或信息以一种层级方式进行联结的结构。在新媒体产品中，层级结构是另一种常见的产品结构类型。层级结构通过分层组织内容和功能，让用户可以按照不同的层级深入探索和浏览信息。节点与其他相关节点之间存在父/子级的关系。子节点代表着更狭义的概念，从属于更广义类别的父节点。不是每个节点都有子节点，但是每个节点都有一个父节点，一直往上直到整个结构的父节点。不同于线性结构，用户可以在同一个父节点下的不同子节点中进行选择，继而又可以在子节点的子节点中进行选择，从而产生许多不同的结果（图6-2）。

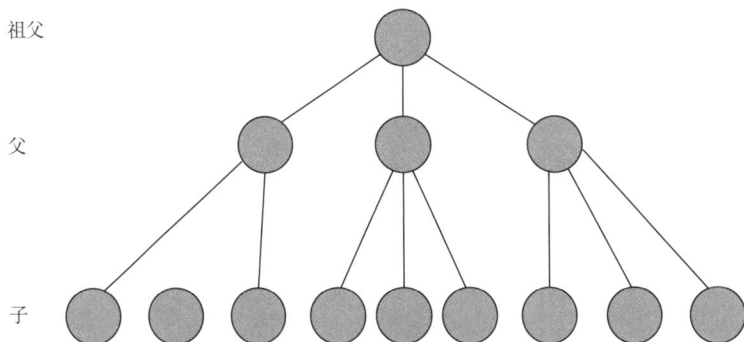

图6-2　层级结构示意图

层级结构有以下代表。

（1）网站导航菜单。菜单栏中的主菜单提供了不同的分类或主题，用户可以通过选择主菜单中的选项进入相应的子菜单，然后进一步浏览相关内容。

（2）应用程序的导航栏。导航栏中的主选项代表不同的功能模块，用户可以通过点击主选项进入对应的子页面，再进一步访问相关的功能和信息。

（3）新闻网站的分类结构。用户可以通过主页面上的导航栏或侧边栏选择感兴趣的新闻分类，然后进入对应的页面浏览相关的新闻文章。

（4）电子商务网站的商品分类。用户可以通过主页面上的商品分类导航或搜索功能进入特定的商品类别，然后在该类别下进一步浏览和筛选商品。

层级结构能够为用户提供更多的探索和导航选项，使用户能够按照自己的兴趣和需求进行浏览和交互。它能够提供更丰富的内容展示和功能扩展，并使用户能够有针对性地获取其感兴趣的信息和功能。

由于层级结构高度符合人们分类的认知和习惯，因此被广泛应用于网站和新媒体产品之中，通过从上至下、层层嵌套的信息结构将产品信息内容或功能进行分类。层级结构也有着自己独特的特点。①结构清晰易懂。由于层级结构是根据产品功能或信息的分类进行子节点的划分的，因此基本不会出现功能或信息所属交叉的情况。②有较高的操作效率。功能或信息的分类是清晰且独立的，因此只要弄清楚所需要的信息或功能所属的类别，就可以很清楚地进行定位。③扩展性强。由于每一个父节点都可以延伸出多个子节点，因此在添加新功能时，若原有节点无法覆盖，则可以通过添加子节点的方式解决。

三、矩阵结构

线性结构和层级结构是十分常见的两种结构，但相对而言都较为简单，适用于用户需求单一或选择较少的情况。但如果用户的需求差异较大，不同的用户希望按不同的标准查找新媒体产品，线性结构和层级结构往往就不适用，因此出现了矩阵结构（Matrix Stracture）。矩阵结构是允许用户在节点与节点之间沿着两个或更多的"维度"进行移动的产品结构（图6-3）。矩阵结构通过交叉组合多个维度的元素，以提供更多的选择和交互方式，让用户可以按照多个属性或标签进行筛选和浏览。

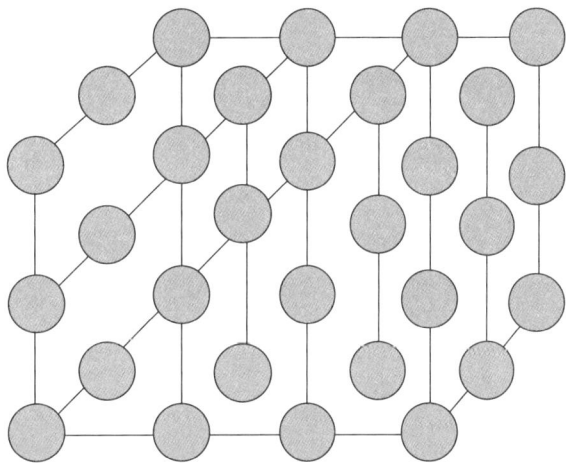

图6-3　矩阵结构示意图

矩阵结构有以下代表。

（1）图片库的标签筛选：图片分享平台或设计资源网站常常使用矩阵结构来组织图片库。用户可以通过标签或分类选择感兴趣的属性，如颜色、主题、风格等，以矩阵的形式呈现相关的图片。

（2）音乐流媒体平台的推荐系统：音乐流媒体平台通过矩阵结构来提供个性化的音乐推荐。用户的音乐偏好可以被看作一个属性矩阵，平台根据用户的喜好和历史播放记录，交叉匹配相关的音乐，以矩阵的形式呈现给用户。

（3）电影和电视剧的分类与标签：视频流媒体平台使用矩阵结构来分类和标签化电影和电视剧。用户可以通过选择不同的分类（如类型、地区、年份等）和标签（如情感、题材等）进行筛选，以矩阵结构的形式展示符合条件的影视作品。

（4）产品目录的属性筛选：电子商务网站的产品目录通常采用矩阵结构进行属性筛选。用户可以根据商品的各种属性（如品牌、颜色、尺寸等）选择特定的属性值，以矩阵的形式展示符合条件的产品。矩阵结构提供了多维度的选择和交互方式，使用户能够更精确地定位和获取他们感兴趣的内容或产品。它可以为用户提供更个性化的推荐和更具针对性的浏览体验，提高用户的满意度和参与度。

由于同级子节点与异级子节点之间不仅能通过父节点进行联结，还能在任一某个子节点上切入与其他节点产生联系，从而满足不同的需求。例如，有的用户希望在网课平台上通过课程名称进行查找，有的则希望通过学校名称进行查找，还有的希望直接查找课程主讲教师，这时矩阵结构就可以有效地满足有着不同查找需求的用户。矩阵结构使不同维度的信息可以迅速地形成组合。

四、自然结构

在日常的产品使用中不难发现，除了上述三种结构所描述的任务外，有些时候用户没有明确的目的，甚至只是处于一种"闲逛"的状态，因此产品的功能也更为复杂，自然结构（Organic Structure）就应运而生。自然结构可以视为一种非结构化的结构类型，节点与节点可以相互联结，但不存在明显的信息或功能的分类概念，节点是逐个进行联结的（图6-4）。

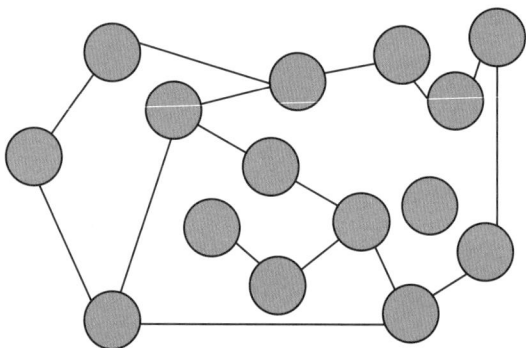

图6-4 自然结构示意图

使用自然结构的产品鼓励用户自行进行产品探索，因此适用于一系列关系不明确或一直在演变的主题。自然结构模仿了自然界中事物的组织和关系，以提供更直观、流畅和自由的用户体验。

自然结构有以下代表。

（1）信息流：社交媒体平台和新闻资讯应用常常使用信息流结构。在信息流中，内容以时间顺序或用户兴趣为基础自然地流动。用户可以通过滚动浏览不同类型的内容，从最新的更新开始，按照个人兴趣和偏好逐渐向下浏览。

（2）搜索引擎结果页。搜索结果根据相关性和权威性进行排序，用户可以自由浏览搜索结果，根据自己的需求和兴趣选择适合的链接进行点击。

（3）交互式地图。用户可以通过缩放、平移和旋转地图探索不同的地区和地点，根据自己的兴趣和需求自由浏览地图上的信息。

（4）虚拟现实（VR）和增强现实（AR）应用。用户可以在虚拟环境中自由移动、交互和探索，并根据自己的兴趣和需求与虚拟对象进行互动。

自然结构的特点是灵活、直观和自由，它使用户可以按照自己的兴趣和需求自由浏览和探索内容，为其提供更加自然和沉浸式的用户体验。这种结构有助于提高用户的参与度和满意度，并提供更具个性化和定制化的内容呈现。

第二节　新媒体产品结构构建

一、信息架构概念

在新媒体产品结构构建中，信息架构是一个重要的概念。它涉及如何组织和分类新媒体产品中的信息，以便用户轻松地找到所需的内容。信息架构中的关键概念是分类和标签。分类是将信息按照某种逻辑和层次结构进行组织，而标签是为信息添加关键词或描述性标签，以便用户通过搜索或浏览进行查找。信息架构还涉及设计产品的导航结构，即如何设置菜单、导航栏或链接，使用户可以直观地浏览和导航到不同的页面或内容。信息架构还涉及确定信息的层次结构，即如何将信息分为主要的和次要的内容，以及如何在不同层次上显示和访问这些内容。信息架构考虑用户在产品中的流程和路径，包括如何引导用户从一个页面或功能到另一个页面或功能，以及确保用户可以顺利完成特定任务或获取所需的信息。

通过良好的信息架构设计，新媒体产品可以提供更好的用户体验和导航性，使用户能够轻松地找到他们需要的信息，提高产品的可用性和易用性。信息架构设计的目标是让用户能够快速、准确地获取所需的内容，提供直观和流畅的用户导航和交互体验。

二、新媒体产品信息架构的设计思维

下面介绍两种信息架构设计思维的工具，即系统服务蓝图与信息结构图。

（一）系统服务蓝图

系统服务蓝图是信息架构的一种设计思维工具，其意义在于帮助研发团队更好地理解和展示小程序的各个阶段，包括参与者行为、前台活动、后台活动和系统支持过程。系统服务蓝图是一种以流程图或图表形式展示系统服务过程和交互的工具，可以清晰地呈现系统的结构和运作流程。

系统服务蓝图具有以下重要意义。

（1）流程可视化：系统服务蓝图将复杂的系统过程和交互用简洁的图表形式展现，帮助人们快速理解和把握系统的运作逻辑和各个环节之间的关系。

（2）需求梳理：在绘制系统服务蓝图的过程中，需要深入了解各个阶段的具体活动和涉及的参与者行为，从而更好地梳理和明确系统的功能需求。

（3）系统优化：通过观察和分析系统服务蓝图，可以找到系统中冗余、低效的流程或潜在的风险，从而进行相应的优化和改进。

（4）项目规划：系统服务蓝图可以作为项目规划的基础，明确开发或改进的重点和优先级，它为项目团队提供了全局视野，有助于制订有针对性的工作计划，帮助项目团队有针对性地开展工作。

总的来说，系统服务蓝图在项目开发和优化中充当了重要的角色，为团队提供了必要的工具和方法，以确保系统设计和实施的有效性、可靠性和用户满意度。

以野生动物园为例，系统服务蓝图具有如下功能：①能够清晰地描绘出整个服务过程，帮助野生动物园的管理团队和工作人员明确服务流程，从而更好地组织和协调各项服务工作。②系统服务蓝图可以确保所有工作人员都遵循相同的服务流程，从而保证服务的一致性和标准化，不论是在何时何地提供的服务，游客都能获得相同的体验。③系统服务蓝图有助于减少服务中的重复性工作和混乱情况，从而提高工作效率，使工作人员能够更专注地为游客提供优质服务。

野生动物园小程序的系统服务蓝图如图6-5所示。

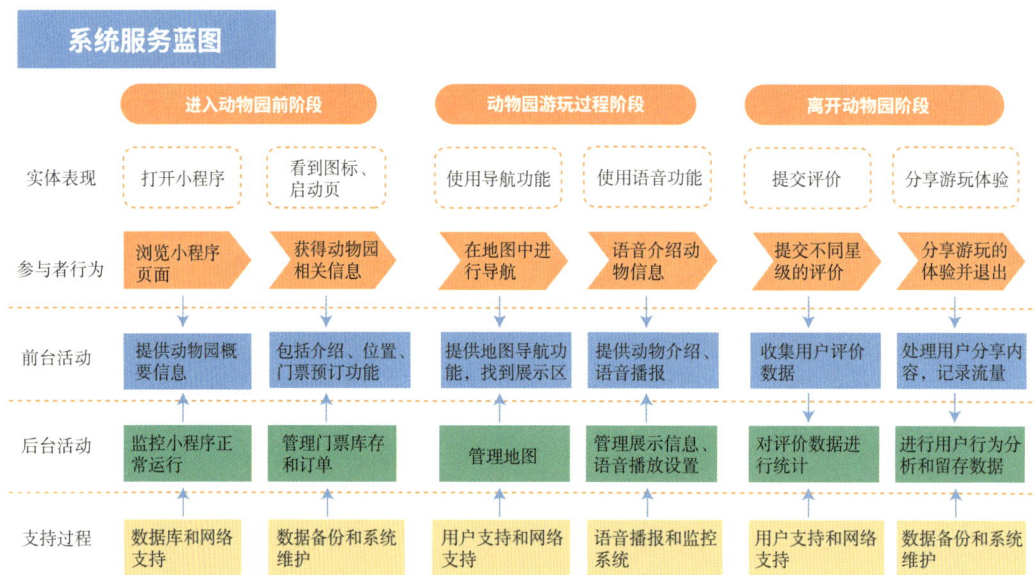

图6-5　野生动物园小程序系统服务蓝图

（二）信息结构图

信息结构图设计思维工具可以给研发团队建立数据架构和数据库提供参考，是产品经理与研发团队进行沟通的工具。信息结构图的绘制是以信息作为组合单位的，所以考虑更多的是信息架构层面的不同信息之间的远近和从属关系。

在设计新媒体产品信息架构时，实际上已经充分理解了用户的需求、期望和行为模式，是以此为基础进行信息架构设计的。根据用户需求和内容特点，将信息进行分类和组织，建立清晰的层次结构和关联关系；运用图形化、可交互的方式呈现信息架构，使用图表、图像和视觉元素来帮助用户理解和浏览信息。信息架构设计是一个持续的过程，通过原型制作和用户反馈进行迭代优化，不断改进和调整信息架构。这些设计思维可以帮助设计师在媒体产品的信息架构中考虑用户需求、内容组织和导航设计，以提供良好的用户体验和易用性。

信息结构图的设计思维采用以下两个原则：

1.确定位置原则——信息在信息架构中的确定位置

确定位置原则是梳理功能信息并在信息架构中确定自己的位置。其中要注意的是：①功能之间的相似性或相关性应该在信息架构中彼此靠近，以方便系统调用和管理。②具有层次关系的主菜单和子菜单应该紧密相邻，形成清晰的层级结构。③一起使用频繁的功能应该放在同一页面或同一菜单下，以提供更便捷的用户体验。下面给出一个信息结构图的案例，如图6-6所示。首先依据第一节所说的层级结构，按祖父、父、子层级设计信息结构图，可以看到"形象定制"与"聚会空间"是两个部分功能，分别形成了"形象定制"与"聚会空间"两个存储区隔。其中的形象定制又形成了"输入基本信息区""生成形象方式选择与调整区"与"形象特征选择与效果预览"三个子存储区隔。

2.邻近原则——信息存储区隔

邻近原则是帮助用户更快速地找到所需信息，采用信息存储区隔的设置来实现。通过将高频使用的信息设置在页面的前景，与其他信息之间形成密切关系。然后将信息存储区隔，把不常用的信息分开存储，提高系统运行速度。利用适当的数据库或数据存储技术来实现信息存储区隔，确保数据的安全性、完整性和可访问性。最后通过命令调用实现对分开存储的信息的查询，保证系统在需要时能够迅速响应用户请求。如图6-6在"生成形象方式选择与调整"中，"上传照片"与"直接创建"是生成形象方式选择的两个并列方式，因此这两个信息是邻近的，为方便调用，就放在一起。其中，可能会做一些对自身生成的形象的"调整"，那么这个细节调整相比直接创建与上传照片的信息较远，图例说明了存储区隔与照片信息的存在。

在信息的分类和组织上，将相关的信息放在一起，以形成邻近关系。例如，在一个网站的文章列表中，将同一主题或同一类别的文章放在一起，可让用户更方便地阅读相关内容。邻近原则的目的是帮助用户更快速地找到所需信息和功能，减少不同页面之间的跳转，提高用户的操作效率和满意度。合理的信息存储区隔图邻近设计能够为用户提供更好的导航体验，使系统更易于使用和理解。

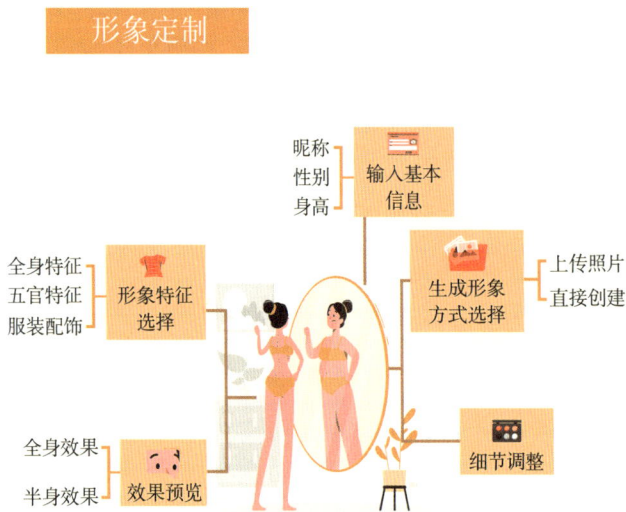

图6-6 根据小程序线上交友的功能制定的"形象定制"和"聚会空间"信息结构图
（注：信息结构也可以简单地理解为信息的存储区隔图，见图6-7的案例。）

案例

基因测试App是武汉纺织大学2023级研究学彭诗琦原创的App，旨在为用户提供便捷、可靠和个性化的基因检测服务和健康管理工具。其核心功能在于能帮助用户更好地了解自己的基因信息，采取有针对性的健康管理措施，从而提高健康水平和生活质量。该作品未被生产使用。

目前，DNA研究可以揭示基因与疾病之间的关系，从而更有效地预防和治疗。并且可以提供精准的医疗服务，基于个人基础信息和生物标志物的精准医疗可以更好地适应患者的需求和特殊点，提供更高的医疗效果和预期。

基因测试的App中，其信息架构的设计思维包括以下五个方面。

（1）组织和分类信息：基因测试App涉及大量的遗传学和医学知识，因此信息的组织和分类是关键。设计思维要求将相关信息进行合理的分类和组织，以便用户能够轻松找到所需的内容。例如，可以根据疾病类型、遗传变异、测试报告等方面进行分类。

（2）明确和一致的标签：标签应该清晰地描述所涉及的内容，并且在整个应用程序中保持一致性，避免用户困惑和迷失。例如，为不同的功能和页面使用明确且一致的标签，如使用"遗传风险"标签来描述与遗传疾病相关的内容，使用"测试报告"标签来指示用户可以查看他们的基因测试结果等。

（3）用户导向的导航：设计思维要求将用户需求放在首位，并提供用户导向的导航。例如，设计一个简洁而直观的导航菜单，以帮助用户快速找到他们感兴趣的功能和内容，并提供"遗传风险""测试报告""健康建议"等导航选项。

（4）信息的层次结构：重要的和常用的信息应该更容易访问，而次要的和罕见的信息则可以放在更深层次的页面中。例如，在"遗传风险"页面上突出显示常见遗传疾病的信息和预防措施，而深层次的页面可能包含更具体的遗传变异和相关科学解释。

（5）强调关键信息：设计思维要求通过设计手段强调关键信息。例如，使用颜色、字体、图标等方式突出显示重要的遗传疾病信息、测试结果或建议，以便用户能够快速识别和理解。

通过应用信息架构的设计思维，基因测试App可以提供清晰、直观和用户友好的界面，帮助用户理解和应用遗传测试的结果，从而预防遗传疾病并改善用户的健康状况（图6-7）。

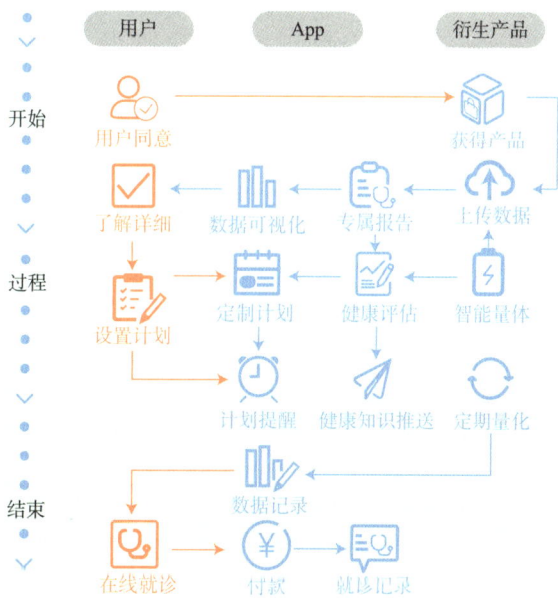

图6-7　基因测试App信息结构设计流程图

思考

在设计基因测试App时，如何确保信息架构的设计能够满足用户的个性化需求并提供有效的健康建议？

（1）信息架构设计思维在基因测试App中可以帮助组织和分类信息、提供明确的标签和一致的导航、创建信息的层次结构以及强调关键信息，以提供用户友好的界面和易于理解的基因测试结果。

（2）通过信息架构的设计，基因测试App可以帮助用户了解遗传疾病风险，提供个性化的健康建议，并促使用户采取预防措施来改善自身的健康状况。

简要答案

收集用户基因数据和健康信息，运用算法提供个性化健康建议；设计用户友好界面，提供个性化通知和跟踪功能；持续优化信息架构，确保准确性和有效性。

信息的存储区隔图在系统设计和信息管理中具有重要的意义。它可以清晰展示数据流程，发现数据冗余和重复，保护数据的安全和隐私，支持系统设计和开发，优化数据管理和维护。通过合理规划和管理数据的存储和流动，可以提高系统的效率、安全性和可维护性，确保数据在系统中得到有效管理和利用。

三、新媒体产品设计中的结构选择与卡片分类法

结构选择与卡片分类法是一种常用于写作和研究的方法。它将大量的笔记和材料以有组织的方式进行整理和分类，以便于后续的研究和写作。可以简单地描述为，将每个想法和细节记录在一张卡片上，然后按照一定的结构和目录分类组织起来，最终形成有条理的参考资料。

结构选择和卡片分类法是设计中常用的方法之一，用于确定信息架构的结构和组织方式。结构选择是指依据产品的需求和目标，从多种结构选项中选择最合适的结构来组织信息。常见的结构选择包括线性结构、层级结构、矩阵结构和网络结构等。选择适当的结构有助于提供清晰的导航和组织方式，使用户能够方便地找到所需的信息。卡片分类法基于卡片的概念，将信息元素拆分为独立的卡片，每个卡片代表一个特定的内容或功能。然后，这些卡片可以根据其关系、主题或其他标准进行分类和组织。通过卡片分类法可以灵活地对信息进行组织和重组，使用户能够按照自己的兴趣和需求浏览和选择内容。

1.卡片分类法的步骤

（1）确定卡片的内容：将信息拆分为独立的卡片，每个卡片代表一个特定的内容或功能。

（2）定义卡片的分类标准：确定用于分类卡片的标准，可以是主题、关系、用户需求等。

（3）分类和组织卡片：根据分类标准，将卡片进行分类和组织，可以使用标签、目录、菜单等方式进行展示和导航。

（4）用户测试和优化：通过用户测试和反馈，了解用户对卡片分类的理解和使用情况，对卡片分类进行优化和调整。

卡片分类法可以提供灵活的信息组织方式，使用户可以根据自己的兴趣和需求浏览和选择内容。同时，它为设计团队提供了一种便捷的方式来管理和调整信息结构，以适应用户和产品需求的变化。

2.卡片分类法的实践

在设计产品时，需要考虑用户体验、功能需求和系统架构等因素。通过结构选择，可以确定产品的整体框架和模块组成。

首先，需要确定产品的主要功能模块，这些模块可以作为核心结构，形成主导航和主要页面。其次，需要考虑子功能模块，这些子模块可以作为主功能模块的下级页面或弹窗形式展示。最后，需要确定页面之间的导航和跳转关系，确保用户能够流畅地浏览和使用各个功能模块。

通过结构选择，可以设计出对用户友好的产品，使用户可以轻松地浏览和使用各个功能模块，提供良好的用户体验。

在软件开发和管理过程中，可以使用卡片分类法来整理和管理各种任务、功能和需求。首先，准备一些小卡片，每个卡片代表一个任务或需求，如优化流程和改进活动。其次，确定几个主要的分类，如设计类、开发类、测试类等。每个分类代表一个任务的所属领域或工作类型。最后，将每个任务或需求写在卡片上，并根据其属性和类型，将卡片放入相应的分类中（图6-8）。

通过卡片分类法，可以将各种任务和需求有序地整理和分类，帮助团队成员更好地跟踪任务的状态、分配资源和管理项目进度。同时，通过对每个分类中的卡片进行进一步的排序和优先级排序，可以确定工作的重点和优先级，提高工作效率。

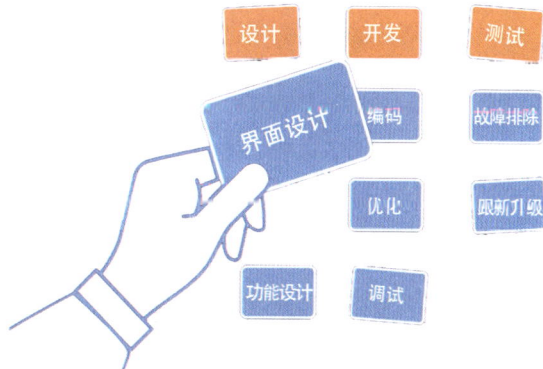

图6-8 卡片分类法

四、新媒体产品设计中的信息架构图制作与呈现

信息架构图制作与设计呈现是一个在设计和开发网站、应用程序和其他数字产品中非常重要的过程。它涉及将复杂的信息和内容组织成易于理解和使用的信息结构，以满足用户的需求和期望。这涉及识别并组织所有内容的关系和层次结构，并确定如何呈现这些信息，以增强用户的体验。

1.信息架构图是展示和呈现信息架构的可视化工具

信息架构图是用于展示和呈现信息架构的可视化工具，它能清晰地展示信息组织、关系和层次结构。以下是制作和呈现信息架构图的常用方法和工具。

（1）纸质绘制：纸质绘图工具有白纸、铅笔、标记笔等，在纸上手绘信息架构图。这种方法简单直观，可以快速进行草图和概念的表达。

（2）白板和标贴：在白板上使用标贴或便利贴，将信息元素和组织关系贴在白板上，形成信息架构图。这种方法便于调整和重组，适合团队协作和讨论。

（3）矢量绘图工具：矢量绘图工具有Adobe Illustrator、Sketch、OmniGraffle等，可以绘制精确的信息架构图。这些工具提供丰富的形状、线条和标注工具，能够创建清晰、专业的信息架构图。

（4）图表和图形化工具：图表和图形化工具有Microsoft Visio、Lucidchart、Draw.io等，可以创建各种类型的信息架构图，如树状图、流程图、网络图等。这些工具提供预定义的图形元素和模板，使制作信息架构图更加便捷。

（5）原型设计工具：使用的原型设计工具有Axure RP、Adobe XD、Figma等，提供信息架构设计和交互设计的功能。可以使用这些工具创建交互式的信息架构图，模拟用户导航和浏览体验。

2.在制作和呈现信息架构图时需要考虑的事项

（1）清晰的结构和关系：信息架构图应该清晰地展示信息的结构和组织关系，使用户能够直观地理解信息的层次和导航路径。

（2）标注和标签：使用标注和标签来解释和描述信息架构图中的元素和关系，便于理解和沟通。

（3）可视化效果：通过使用适当的颜色、线条和形状，以及图形元素的布局和排列，使信息架构图更具可视化效果和吸引力。

（4）可交互性（视情况而定）：如果需要展示信息架构的交互性和动态效果，可以使用原型设计工具创建交互式信息架构图。

五、新媒体产品设计中流程图的设计

无论是信息架构还是流程图，都是逻辑思维的工具，都能让设计师从全局看待整个产品。在正式开始设计前，先认真设计好产品的流程，一方面可以确保后续设计的完整与正确，另一方面可以通过对流程的设计，提升整个产品的用户体验。

（一）流程图的基本结构

互联网产品的流程图有顺序结构、条件结构和循环结构三种基本结构。

顺序结构是流程图中最简单的一种结构，执行的顺序根据流程图一直走下去。例如，绘制一个用户启动汽车的流程（图6-9）。

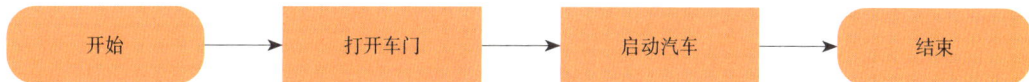

图6-9　流程图的顺序结构

条件结构是指流程中有条件判断的情况。例如，在上述的启动汽车顺序结构流程中，用户打开车门这一步，实际情况下需要有个判断，即用户是否带了钥匙。如果用户带了钥匙，则走到打开车门的那一步；如果用户没有带钥匙，则应该走其他解决流程再到打开车门这一步（图6-10）。

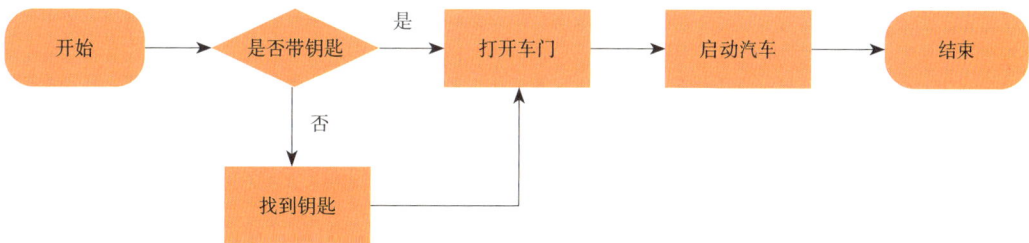

图6-10　流程图的条件结构

循环结构是指需要反复执行某个功能而设置的一种流程结构，可以看成是一个条件判断语句和一个向回转语句的组合。例如，在上述启动汽车条件流程中，用户启动汽车这一步还应该有个判断，即是否启动成功。如果没有启动成功，则需要再次启动直到成功（图6-11）。

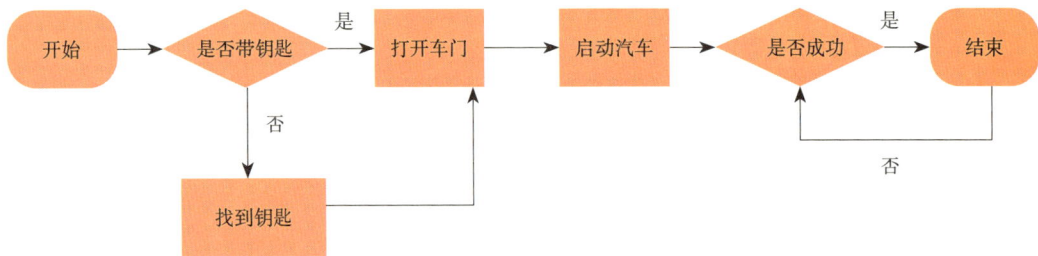

图6-11　流程图的循环结构

（二）流程图的设计思维

流程图是一种用于展示流程、步骤和操作顺序的图形化工具。流程图的设计思维应该简洁明了，避免冗余和复杂的步骤，通过梳理流程，去除不必要的环节和细节，使流程更加简单和易于理解；确保流程图中的步骤和操作顺序合乎逻辑，按照正确的顺序进行，遵循时间和因果关系，使每个步骤都有明确的输入和输出；用适当的符号和图形元素，如箭头、矩形、菱形等来表示不同的步骤、决策和流程分支，使流程图更加直观和易于理解；流程图设计是一个迭代的过程，通过不断地验证、测试和改进，优化流程图的可用性和效率，将抽象的问题具体化、形象化，将复杂的问题简单化[1]；接受用户反馈，了解流程的痛点和改进空间，并进行相应的调整和优化，根据需要，可以为流程图添加交互元素，如链接、按钮和注释，使用户可以与流程图进行交互，实现更深入的操作和导航。通过运用以上设计思维，可以设计出清晰、直观且易于理解的流程图，提高工作效率和准确性。

（三）流程图的绘制

很多软件可以进行流程图的绘制，如Word、Excel、Pages和Keynote等，办公软件可以很方便地绘制轻量级的流程图。

专业绘制流程图的软件如Microsoft Visio、MindManager、OmniGraffle、Axure等，在绘制流程图方面有非常强大的功能，绘制大型和复杂的流程图最好使用这类软件。

（四）泳道图的绘制

泳道图可用于可视化的多个参与者在一个流程中进行活动和交互。泳道图以水平或垂直的泳道（也称为池）作为基础，每个泳道代表一个参与者，在每个泳道中，活动被放置在矩形框中，表示每个参与者在流程中的任务或者活动；箭头表示活动之间的流向，展示了活动

---

[1] 都海英. 绘思维流程图，化复杂为简单 [J]. 数理化解题研究（高中版），2011（10）：58-61.

的顺序和依赖关系。泳道图的主要目的是清晰地展示多个参与者之间的交互和协作，帮助人们理解流程中各个环节的责任分配、信息流动和工作流程。它通常用于业务流程分析、过程改进和团队协作等方面。

案例

野生动物园小程序泳道图

在野生动物园小程序泳道图中，游客、工作人员、研究人员、管理层之间的流程被分为四个泳道，分为游客泳道、工作人员泳道、研究人员泳道、管理层泳道（图6-12）。通过泳道图，可以清楚地看到四个泳道之间的各个活动和交互。每个活动被放置在相应的泳道中，箭头表示活动之间的流向，展示了活动的顺序和依赖关系，具有如下特点。

（1）交互展示：泳道图清晰地显示了参与者之间的工作分配和协作关系，帮助识别潜在的瓶颈和改进机会。

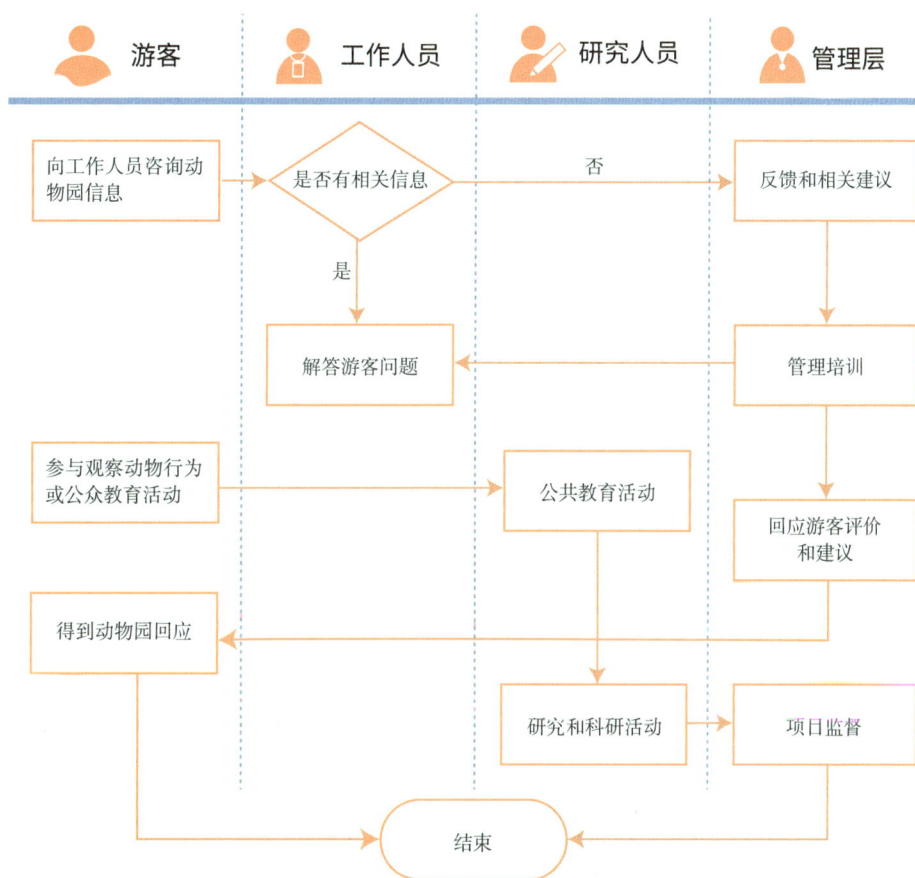

图6-12 野生动物园小程序泳道图

（2）综合性：泳道图能够同时展示多个参与者的活动，有助于理解整体流程和参与者之间的关系。

（3）易于理解：泳道图采用了直观的符号和图形表示方式，使人们更容易理解和解释流程。

总之，泳道图是一种有助于可视化和分析多个参与者在流程中活动和交互的流程图，能够帮助改善流程效率和协作。

（五）流程图与界面的关系

首先，需要明白的是，流程图是点到点的关系，表现的是步骤与步骤之间的关系，而界面是具体的执行过程。理论上来说，一个好的体验应用应该以最短的流程帮助用户达成目标，但是即使是相同的流程，用户在具体执行的交互行为（界面）也会有所不同。

其次，流程图对于原型或界面设计有一个很大的作用，就是避免"死胡同"界面的出现。设计师可以在流程中通过条件判断，考虑到各种可能出现的情况，避免出现遗漏，导致上线后产品出现问题。

最后，流程一般都是线性的，这意味着用户需要按照设定的流程一直走下去。但是在实际中，用户可能会在任意一步中断流程，或者是退出后重新开始，而流程图上一般不会体现这种情况。因此，设计师在设计原型或界面的时候，一定要做好回退机制，至少给用户提供一个返回按钮。很多产品在进行某个运营活动的时候会用弹窗的方式提醒用户，但经常忘记提供"关闭"按钮，导致用户只能点击进入后才能退出活动，这实际上等于在强迫用户做决定，这种体验是很糟糕的。

设计师还需要考虑，当用户走完流程后，如何引导用户继续。例如，绝大部分的电商应用产品，在用户完成商品购买后，都会提供很明显的按钮让用户点击，方便流程的继续。

流程图和界面之间存在密切的关系，它们可以相互补充和辅助，帮助设计和开发团队更好地理解和实现用户体验。流程图和界面之间的关系可以归纳为以下三点。

1.流程图可以作为界面设计的参考

在产品设计过程中，流程图可以用来描述用户的操作流程、系统的交互流程以及各个环节之间的逻辑关系。它可以帮助设计团队在概念阶段定义用户流程，并与界面设计相互关联。流程图可以作为界面设计的参考，确保界面设计符合用户的操作流程和期望。

2.流程图可以在界面设计中用作导航和交互设计的依据

通过流程图，设计团队可以确定用户在界面上的导航路径和操作流程，帮助设计师更好地布局和组织界面元素，提供一致且易于使用的用户体验。流程图可以用于分析用户的任务和工作流程，帮助设计团队理解用户在界面上完成特定任务所需的步骤和操作。通过流程图，设计师可以发现潜在的问题和改进点，并对界面进行相应的优化。

3.流程图可以作为界面流程的演示和验证工具

通过将流程图转化为可交互的原型或演示模型，设计团队可以模拟用户在界面上的操作流程，测试和验证界面的可用性和用户体验。

总之，流程图和界面设计是相互关联的，它们共同支持产品的用户体验和功能实现。通过结合和协调流程图和界面设计，可以提高产品的一致性、可用性和用户满意度。

六、新媒体产品的原型设计

（一）原型设计的度

在进行原型设计前，一定要清楚原型在产品研发中起到的作用。对于互联网产品来说，原型主要指线条、图形和简单文字构成的产品框架，是产品需求和用户使用场景的图形化表达，以便团队成员对需求的沟通和理解。原型设计则是综合考虑产品的功能和商业需求因素，对产品的界面和元素进行合理排列的设计。

原型设计的度是指原型设计的详细程度或精确度。原型设计的度可以分为低保真原型和高保真原型，它们在设计的精确度和细节程度上有所区别。

低保真原型通常是以简单的草图、线框或手绘图的形式呈现，重点在于传达基本的功能和布局概念。它们通常用于早期的概念验证和快速迭代，目的是收集反馈和验证设计方向。低保真原型设计速度快、成本低，便于修改和调整（图6-13）。

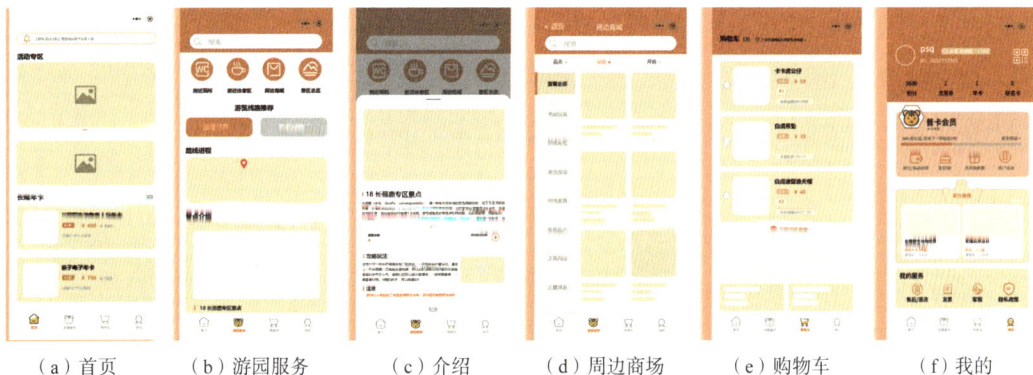

| （a）首页 | （b）游园服务 | （c）介绍 | （d）周边商场 | （e）购物车 | （f）我的 |

图6-13 低保真原型设计

（设计者：武汉纺织大学传媒学院2023级研究生彭诗琦）

高保真原型则更加精确和详细，通常使用专业设计工具或原型工具创建。它们可以包括更真实的界面设计、交互效果、动画和内容填充等。高保真原型更接近最终产品的外观和功能，能够提供更真实的用户体验。高保真原型适用于更深入的用户测试、评估和与利益相关者的沟通（图6-14）。

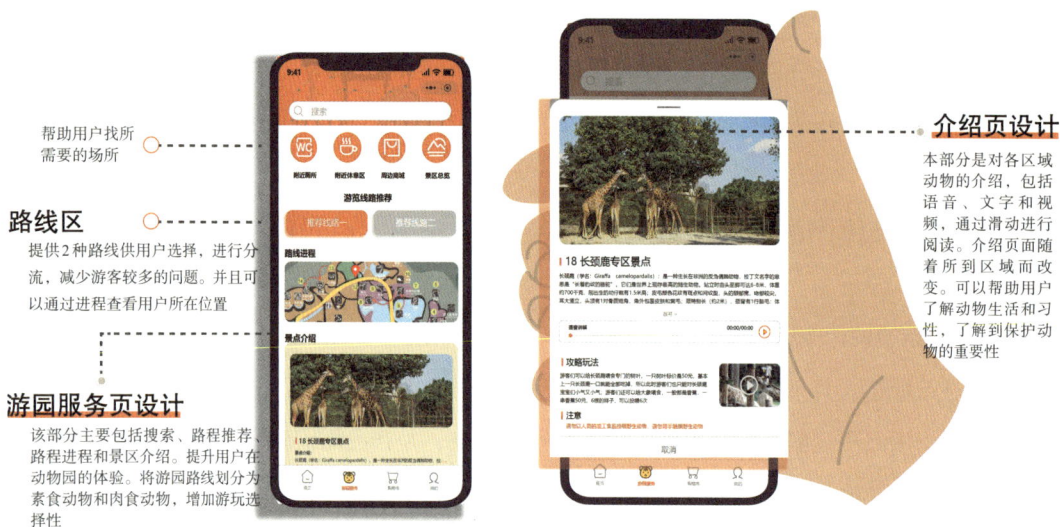

帮助用户找所需要的场所

路线区
提供2种路线供用户选择，进行分流，减少游客较多的问题。并且可以通过进程查看用户所在位置

游园服务页设计
该部分主要包括搜索、路程推荐、路程进程和景区介绍。提升用户在动物园的体验。将游园路线划分为素食动物和肉食动物，增加游玩选择性

介绍页设计
本部分是对各区域动物的介绍，包括语音、文字和视频，通过滑动进行阅读。介绍页面随着所到区域而改变。可以帮助用户了解动物生活和习性，了解到保护动物的重要性

图6-14　高保真原型设计
（设计者：武汉纺织大学传媒学院2023级研究生彭诗琦）

在原型设计的过程中，设计团队需要根据项目需求和时间限制来决定使用何种原型设计的度。对于早期的概念验证和快速迭代阶段，低保真原型可以更快地生成和修改，帮助快速验证和改进设计方案。而在接近产品发布阶段或需要与利益相关者进行深入沟通和测试时，高保真原型能够提供更真实的体验，更准确地呈现最终产品的外观和功能。

总之，原型设计的度需要根据项目阶段、目标和需求来决定。不同的原型设计的度可以在不同阶段提供不同的价值和帮助，既能够快速验证概念，又能够提供更真实的用户体验和与利益相关者的沟通。

（二）原型设计工具

理论上，任何能绘制出线框图像的工具都可以作为原型设计工具，甚至只用一张纸、一支笔就可以开始原型设计。工具无所谓好坏，很多人会纠结于诸如 Adobe Photoshop 或 Sketch 哪个更适合做原型这样的问题，实际上这是没有任何意义的。选择原型设计工具只需要注意两个原则：一是最适合个人的，二是最适合团队的。

原型设计工具是用于创建、展示和测试交互式原型的软件工具，有如下几种常见的原型设计工具。

（1）Adobe XD：一款功能强大且易于使用的原型设计工具，它提供了丰富的界面设计和原型功能，支持多平台交互和动画效果。

（2）Sketch：一款流行的矢量设计工具，它也提供了原型设计功能。Sketch具有直观的界面和强大的插件生态系统，适用于界面设计和原型设计。

（3）Figma：一款基于云端的协作设计工具，它允许设计团队实时协作创建原型。Figma具有强大的原型功能，支持多人在线协作和交互设计。

以上工具具有不同的特点和优势，选择合适的原型设计工具取决于项目需求、团队合作方式和个人偏好。

（三）原型设计的内容

1.需求分析

需求分析是设计"注册/登录"功能的原型（图6-15）。在原型设计实例中，需求分析中的"注册/登录"是一个常见的功能需求，设计"注册/登录"功能的原型包括"注册/登录"需要的信息和登录功能需求两部分。

（1）"注册/登录"需要的信息。"注册/登录"需要用户三方面信息：确定登录功能的目标和目的，如提供用户访问和使用特定功能或资源的权限控制，确保用户身份验证和安全性；收集用户关于登录的需求和期望，包括用户希望使用哪种类型的凭据进行登录如用户名和密码、社交媒体账号、电子邮件等，以及他们期望在登录过程中遇到的界面和交互体验；确定登录功能的基本要求，如用户名和密码验证、密码重置、记住登录状态等，也可以考虑其他高级功能，如多因素身份验证、单点登录等。

（2）登录功能需求分析。根据用户需求，编写用户故事来描述登录场景。如"作为一个注册用户，我希望

图6-15　登录界面
（设计者：武汉纺织大学传媒学院2023级研究生彭诗琦）

能够通过我的用户名和密码登录应用程序，并访问我的个人资料和设置，还需要考虑密码重置、注册新账户等相关链接和选项"。在需求分析中考虑密码的安全性要求，如密码复杂度要求、密码加密存储等。确定登录功能在整体产品中的优先级，并考虑技术可行性和实施的复杂性，确保登录功能与其他功能的集成和兼容性。

通过对登录功能进行需求分析，可以确保设计团队对用户的登录需求有清晰的了解，并能够在原型设计中准确地体现这些需求。这样可以帮助设计师设计出易于使用且符合用户期望的登录体验。

2.信息架构梳理

在完成需求分析后，需要针对这些需求梳理出信息架构。从理论上讲，对于单个功能，并不存在信息架构梳理问题，不过依然可以借助思维导图整理各状态下需要的内容。在原型设计时，可以借助思维导图使内容更加明确，避免出现功能缺失的尴尬情况，以及返工造成资源浪费的问题。

在原型设计实例中，信息架构梳理是一个关键的步骤，它有助于组织和展现产品中的信息和内容。信息架构梳理包括：收集产品中需要展示的内容和功能，包括文本、图像、视频、表单、交互元素等各种类型的内容和功能；根据收集到的内容和功能，将它们进行分类和组织，可通过创建分类目录、主题列表、标签等方式实现，如将相关的内容和功能归类到不同的主题或部分中；在信息架构中确定内容和功能的层次结构，包括主菜单、子菜单、下拉菜单等的设计，层次结构应反映用户的使用习惯和信息的重要性。通过信息架构梳理，可以确保产品中的信息和功能得到合理的组织和展示，使用户能够轻松地浏览、查找和访问所需的内容和功能，提高用户体验和产品的可用性。

3.流程梳理

在厘清"注册/登录"功能的需求和架构后，还需要确认用户在使用该功能时的流程。

在原型设计实例中，流程梳理是一个重要的步骤，用于描述用户在产品中的操作流程和交互路径。流程梳理包括：明确用户在产品中的目标和行为，如完成一个任务、浏览内容、提交表单等；确定用户实现目标所需的关键步骤和操作，这涉及浏览页面、填写表单、点击按钮、进行搜索等；为每个关键步骤设计相应的界面，如考虑布局、元素和交互方式，确保用户能够清晰地了解并完成每个步骤；确定用户与界面之间的交互方式，考虑用户输入、系统响应和反馈，确保用户在每个步骤中获得准确的指导和反馈信息；识别流程中的条件和分支点，即基于特定情况下用户的选择或系统的响应，引导用户进入不同的路径，可通过条件语句、选择按钮等方式实现。

通过流程梳理，设计团队可以清晰地了解用户在产品中的操作路径和交互过程，设计出符合用户期望和行为习惯的原型，并为后续的开发和实现提供指导和依据。

4.原型设计

在需求分析、信息架构梳理、流程梳理都完成后，就可以进行原型设计了。原型设计是通过界面制图软件制作完整的设计界面。以App交友软件为例，原型设计包括确立色彩规范、字体规范、图标一致性方案、窗口和布局。

（1）色彩规范：选择一套适合产品风格和品牌形象的色彩方案。定义主要颜色、辅助颜色和背景颜色，并确保在不同界面和组件中的一致性应用。可以创建一个色板或使用设计工具来管理和应用色彩规范。

（2）字体规范：选择1～2种适合产品风格和可读性的字体，并在整个原型中保持一致。定义字体的大小、样式和行高等规范，并确保文本内容的可读性和一致性。

（3）图标一致性方案：选择一套图标库或创建自定义图标，确保在原型中使用相同的图标风格和设计规范。定义图标的尺寸、线条粗细和填充等规范，并在不同界面和功能中保持一致性。

（4）窗口和布局：确保原型中的窗口和布局在整体上保持一致。定义页面的结构和排列方式，并确保界面元素的大小、间距和比例符合设计规范。

通过梳理界面元素，保证色彩、字体、图标、窗口的整体协调（图6-16）。

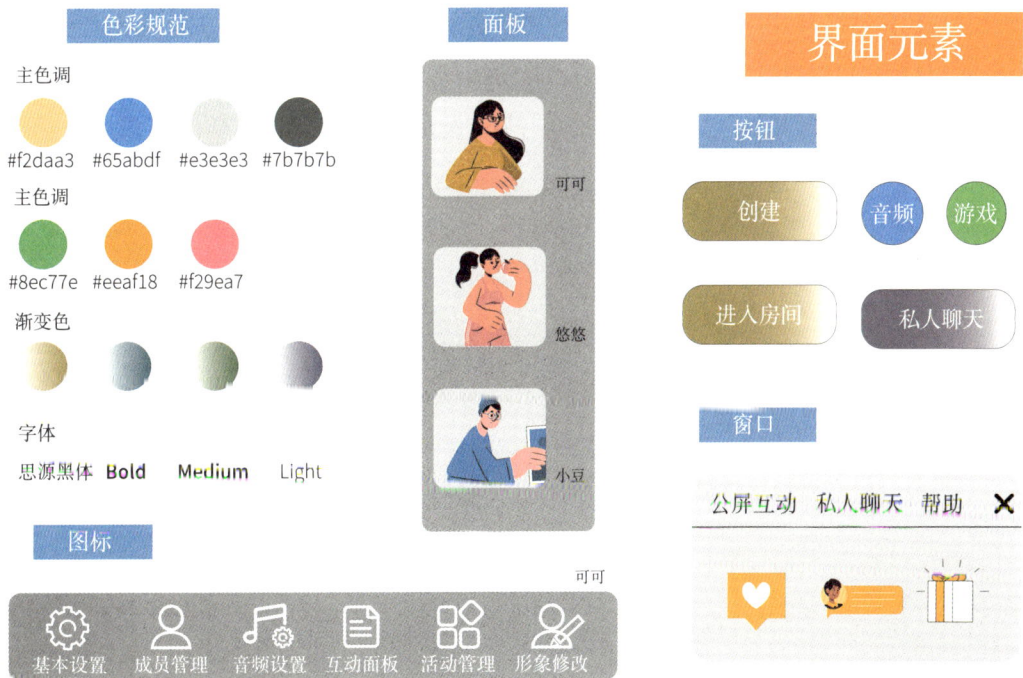

图6-16　原型设计规范

通过以上方法，设计团队可以在原型设计中建立一致的视觉风格和用户体验，提高产品的整体协调性和可视化效果，帮助用户更好地理解和使用产品，并提升产品的品质和用户满意度。

结语

如今，产品设计已经不仅是画图纸、做模型，而是要整合更多新技术、不同人群及更广泛的观点。全链式产品设计是一种新的设计理念，它不仅是设计产品的外观，更是注重产品的整体生命周期。全链式设计涉及设计、生产、销售、售后等多个环节，为产品提供更全面、更完整的解决方案。

传统上，产品设计师往往只关注产品样式、色彩和简便的生产方式。但是，全链式产品设计者将从产品的前期设计到后期使用提供更个性化的用户服务和全方位的维护保障。在生产的过程中，全链式产品设计会考虑多种因素，如环保、可持续性等，从而使产品更符合当前的环境要求。

全链式产品设计往往需要整合多种专业知识来完成，如工业设计、材料学、机械工程、电子工程、信息技术等。设计者需要在不同领域之间融合，协作一致地推出一个完美的产品。全链式设计不仅关注产品的外表，同时它是更全面、生态和用户需求导向的，能够更好地满足不同人群对产品的需求和期望。

在不断提高的产品质量要求下，全链式产品设计的重要性将越来越被人们所重视。全链式设计师们必须理解当前和未来的技术趋势，密切关注用户需求，关注环保、可持续性等方面的需求，为用户提供最优质的产品。

参考文献

［1］刘征. 产品设计前期管理［M］. 北京：中国建筑工业出版社，2019.

［2］龙思思. 新媒体产品设计与项目管理［M］. 北京：中国人民大学出版社，2021.

［3］王波，吕曦. 数字媒体界面艺术设计［M］. 西南师范大学出版社，2011.

［4］迈克尔·G. 卢克斯，K. 斯科特·斯旺，阿比·格里芬. 设计思维：PDMA新产品开发精髓及实践［M］. 马新馨，译. 北京：电子工业出版社，2020.

［5］菲利普·科特勒. 市场营销导论[M]. 俞利军，译. 北京：华夏出版社，2001.

［6］王一添，李亚平. 新产品开发的前期调研和基本方法［J］. 江苏科技信息，1994，167（5）：7-8.

［7］熊伟. 居家智慧养老项目南昌上市前期市场调研报告［J］. 现代营销（经营版），2019（1）：86-89.

［8］刘大帅，杨勤，吕健，等. 融合用户满意度的用户需求综合重要性研究［J］. 图学学报，2019，40（6）：1137-1143.

［9］杨得前. 小议产品概念的发展［J］. 经营与管理，2003（1）：37.

［10］潘祥辉. "无名者"的出场：短视频媒介的历史社会学考察［J］. 国际新闻界，2020，42（6）：40-54.

［11］王林生. 数字时代传统文化经典再IP化的趋势特征与多元动力［J］. 民族艺术研究，2024，37（1）：102-109.

［12］王昕. 城市形象数据建构下的深圳城市品牌设计战略［J］. 包装工程，2023，44（2）：281-289，315.

［13］朱彦. 基于感性工学的家庭服务机器人外形设计研究［J］. 包装工程，2015，36（14）：50-54.

［14］孟祥斌，孙苏榕. 融合语义学的产品概念设计过程模型研究［J］. 机械设计，2017，34（2）：110-114.

［15］张玲宁，胡馨升. 甘特图：项目流程管控的技术革命［J］. 中国工业和信息化，2021（9）：82-87.

［16］王军，王栋，刘勇，等．基于用户参与思维的产品设计需求获取方法［J］．机械设计，2022，39（10）：126-132.

［17］张旭．浅谈读者需求场景化的思维与方法［J］．科技与出版，2022（12）：62-66.

［18］李雪楠，赵江洪．基于智能制造的交互系统设计需求与产品化［J］．包装工程，2016，37（24）：90-95.

［19］左力凡，韩会山．浅谈软件开发过程中的需求分析［J］．邢台职业技术学院学报，2011，28（1）：91-92.

［20］司雁鹏．浅谈软件项目开发过程中的需求分析［J］．科技创新导报，2017，14（29）：134-135.

［21］夏孟娜．论交互界面设计与卡片分类法［J］．美与时代（上），2017（7）：86-88.

［22］都海英．绘思维流程图化复杂为简单［J］．数理化解题研究（高中版），2011（10）：58-61.

［23］吴进．国内外市场细分研究综述［J］．中国市场，2012（44）：9-13.

［24］罗贝宁，邓胜利．用户满意度理论发展与应用研究［J］．图书情报工作，2005（4）：23-25.

［25］Shepperd S，Charnock D，Gann B．Helping Patients Access High Quality Health Information［J］．Bmj Clinical Research，2011，319：764-766.

［26］Yim F H，Anderson R E，Swaminathan S．Customer Relationship Management：Its Dimensions and Effect on Customer Outcomes［J］．Journal of Personal Selling&Sales Management，2004，24（4）：263-278.

［27］Smith，Wendell. R. Product Differentiation and Market Segmentation as Alternative Product Strategies［J］．Journal of Marketing，1956，11（7）：3-8.

［28］赵铖．基于问题发现的设计方法研究［D］．南京：南京艺术学院，2022.

［29］张佳楠．看板管理在软件项目中的应用初探［D］．北京：中国科学院大学，2019.

［30］郭宗达．N公司互联网产品运营策略分析［D］．上海：上海交通大学，2020.

［31］史艳芳．快手APP信息流广告受众接受行为影响因素研究［D］．西安：西安工业大学，2023.

［32］白波．高校图书馆微信用户接受行为研究——基于技术接受模型［D］．长春：吉林大学，2015.

［33］程林．用户研究中的竞品分析方法研究［D］．武汉：武汉理工大学，2016.

［34］王杰．基于马斯洛需求理论的医养机构室内空间适老化设计研究［D］．鞍山：辽宁科技大学，2022.

致谢

教书生涯一晃已经过去了 16 个年头，离我 2013 年出版《数字媒体艺术》一书，已经是十一年前的事情了。这次有幸能在中国纺织出版社有限公司出版此书，将自己教书过程中不断摸索学习、总结的经验，以及自己一些有别于市面上的知识能够保存、传递下去，对于一位在教学上还算投入的老师来说无疑是无比兴奋和幸福的。

上一本书从起稿到撰写，花了整整五年，这一次速度和效率快了很多，投入过程撰写也花了整整一年。这里要感谢许多人对本书的帮助。

首先是来自学校的组织工作，在资金和教材立项上都给予了支持，由衷感谢武汉纺织大学对普通教师职业生涯发展的关心与支持。武汉纺织大学是我的母校，在纺织工程和传统艺术设计领域均具有优势，我有幸成为这一不断发展中的团队一员，与其一起成长，能够对学校有所贡献和回报，内心也是骄傲的。

其次是中国纺织出版社有限公司，我还记得出版社艺术与科学图书分社社长华长印亲自带队来我们学院看选题，当我看到中国纺织出版社出版的书籍的颜值便大为心动，华社长笑我"识货"，告诉我封面的设计请的是清华美院的一流教授。从书籍的选材到书籍的排版，看到无数出版人在中间的辛苦付出，这种互相交付、互相信任的过程也一直在我心中。出版过程中，朱昭霖编辑总是耐心、细致地回答我的问题，并及时给予我帮助，我希望能让我的图书的案例和相关回答保留，朱编辑也满足了我的愿望，让我这本书能以我想要的特殊版式与读者朋友见面。

同时，我也感谢我们的熊蕾副院长，熊院长上任以后，对学院的基础本科工作付出了很多，包括对我们每个人的选题进行审核并联系出版社。虽然有时教书很难，但是熊院也鼓励和肯定我，说我是负责的老师，对学生的付出，舍得花费心血。2022 年底，我们在学院的倡议和对未来学科的发展判断下，学院几位老师组成"数字人文创新设计"团队，并且在本次教材出版中共同提交选题，包括黄鑫副教授、冯易副教授。在团队合作中，黄老师、冯老师，还有我们团队的高国强老师、赵文雯老师都对我的工作给予肯定、鼓励和支持。我们形成了较好的团队氛围，共同进行教学和学术讨论，也祝我们团队有更多的成果。

再次，我要感谢我们的研究生团队，在教材撰写过程中，我们既是在写教材，又是总结、整理我们的知识体系，我细致地和他们讨论，看到他们的反馈，确认所撰写的内容能够被理解、被吸收，他们是我的助手，也是本书的第一批读者。我们的学生在本科均没有接触过这门课，也算跟着我从头学起。记得在上课时，曹子怡还问我，"难道作品不是作出来就可以了？"她是一位跨专业的学生，在近两年的研究生生涯中，要理解到设计不仅是画图，还需要有设计思维支撑，产品要在竞争中存活下去，要学习做一名设计师所思考的整体过程，我认为都是对他们学习的考验，也是推动。

在撰写的过程中，学生们帮助我收集资料，特别是所有相关的插图均由我的研究生团队参与制作。相关图稿，为了达到表述清晰，有的画了数遍，进行反复修改。这些工作都是利用课余时间甚至寒暑假开展的，学生付出了大量的时间与精力。

感谢参与本书编写的所有学生。包括我2022级学生胡菁卉，她参与了前期资料的收集；2023级设计学研究生赵庆华，他协助编写了第一章和第二章，并制作了第一章、第二章、第三章、第四章的部分插图；2022级艺术设计研究生曹子怡，她协助编写了第一章和第二章，并制作了第一章、第二章、第五章、第六章的部分插图；2023级艺术设计研究生彭诗琦，她协助编写了第五章和第六章，制作了这两章的大部分插图，并提供了她个人作品集作为部分插图；2022级艺术设计研究生陈雨萱，她协助编写了第三章和第四章，并制作了第三章至第六章的部分插图，她付出得最多，帮助我整理了全文的文校和图校，她耐心勤奋，为这本书能按期出版付出了非常多的努力。

2017级数字媒体艺术专业本科生周海婷，提供了由我指导的相关毕设内容作为文章中的相关插图。在她本科生涯中，我有幸指导她完成过一些参赛作品。毕业设计是她主动来找我给予指导，回想整个毕设的过程，她总是一早就来我的办公室，我去上完课回来再看她的作品和她一起讨论。虽然周海婷已经毕业了，但我们仍然经常一起交流聊天，她也说我们亦师亦友。学生在毕业时会写致谢来回馈老师，但老师对学生同样充满感谢，所以也非常感谢有这个机会可以借这本书的出版，向我所有的学生们致谢。教学相长，正是有一个课堂的平台，可以推动我前进思考，完善自己的工作。

最后，感谢我的母亲徐绪松先生，她本身是一位资深教授，可谓桃李满天下，她对我的事业予以无限的支持，我工作时间既长且晚，她承担了相当多的家务。每年她也很喜欢和我的学生一起聚会，还经常主动和我的研究生联系，无论他们在读还是毕业。她鼓励他们和我一起学习、研究，成为优秀的人才。虽然我们专业不同，但是她也投入且转换思想来关注我的工作。在书稿完成过程中，徐老师也认真给我的教材提了一些意见。

在教学生涯里，我始终能够感受到我对教学工作十分投入且有热情，是一件欣慰的事。教书也是一个孕育的过程，看到学生的成长，我总能有一种我的工作、我的人生是有价值的感触，其中当然也不乏很多困难，但我也想与和我一起奋斗在第一线的老师们共鸣、共勉，有梦想的人并不孤单。

郑湛
2024年3月

全链式媒体产品设计与管理